中国出版"走出去"重点图书出版计划立项
北大主干基础课教材立项
北大版商务汉语教材·新丝路商务汉语系列

新丝路
New Silk Road Business Chinese

高级商务汉语综合教程 I

李晓琪　主编
韩　曦　编著

图书在版编目（CIP）数据

新丝路：高级商务汉语综合教程Ⅰ/李晓琪主编，韩曦编著. —北京：北京大学出版社，2012.9
（北大版商务汉语教材·新丝路商务汉语系列）
ISBN 978-7-301-20346-0

Ⅰ. ①新… Ⅱ. ①李…②韩… Ⅲ. ①商务—汉语—对外汉语教学—教材 Ⅳ. ①H195.4

中国版本图书馆CIP数据核字（2012）第032247号

书　　　名：	新丝路——高级商务汉语综合教程Ⅰ
著作责任者：	李晓琪　主编　韩　曦　编著
责 任 编 辑：	刘　正
标 准 书 号：	ISBN 978-7-301-20346-0/H·3019
出 版 发 行：	北京大学出版社
地　　　址：	北京市海淀区成府路205号　100871
网　　　址：	http://www.pup.cn　电子信箱：zpup@pup.pku.edu.cn
电　　　话：	邮购部 62752015　发行部 62750672　出版部 62754962　编辑部 62753334
印 　刷 　者：	三河市北燕印装有限公司
经 　销 　者：	新华书店
	889毫米×1194毫米　大16开本　7.75印张　190千字
	2012年9月第1版　2024年3月第4次印刷
定　　　价：	32.00元（附MP3盘1张）

未经许可，不得以任何方式复制或抄袭本书之部分或全部内容。
版权所有，侵权必究
举报电话：010-62752024　电子信箱：fd@pup.pku.edu.cn

新丝路商务汉语系列教材总序

近年来，随着中国经济的持续快速发展，中国与其他国家贸易交流往来日益密切频繁，中国在国际社会的政治经济和文化影响力日益显著，与此同时，汉语正逐步成为重要的世界性语言。

与此相应，来华学习汉语和从事商贸工作的外国人成倍增加，他们对商务汉语的学习需求非常迫切。近年来，国内已经出版了一批有关商务汉语的各类教材，为缓解这种需求起到了很好的作用。但是由于商务汉语教学在教学理念及教学方法上都还处于起步、探索阶段，与之相应的商务汉语教材也在许多方面都存在着进一步探索和提高的空间。北京大学对外汉语教育学院自2002年起受中国国家汉语国际推广领导小组办公室的委托，承担中国商务汉语考试（BCT）的研发，对商务汉语的特点及教学从多方面进行了系统研究，包括商务汉语交际功能、商务汉语交际任务、商务汉语语言知识以及商务汉语词汇等，对商务汉语既有宏观理论上的认识，也有微观细致的研究；同时学院拥有一批多年担任商务汉语课程和编写对外汉语教材的优秀教师。为满足社会商务汉语学习需求，在认真研讨和充分准备之后，编写组经过3年的努力，编写了一套系列商务汉语教材，定名为——新丝路商务汉语教程。

本套教程共22册，分三个系列。

系列一，综合系列商务汉语教程，8册。本系列根据任务型教学理论进行设计，按照商务汉语功能项目编排，循序渐进，以满足不同汉语水平的人商务汉语学习的需求。其中包括：

初级2册，以商务活动中简单的生活类任务为主要内容，重在提高学习者从事与商务有关的社会活动的能力；

中级4册，包括生活类和商务类两方面的任务，各两册。教材内容基本覆盖与商务汉语活动有关的生活、社交类任务和商务活动中的常用业务类任务；

高级2册，选取真实的商务语料进行编写，着意进行听说读写的集中教学，使

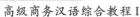

学习者通过学习可以比较自由、从容地从事商务工作。

系列二，技能系列商务汉语教程，8册，分2组。其中包括：

第1组：4册，按照不同技能编写为听力、口语、阅读、写作4册教材。各册注意突出不同技能的特殊要求，侧重培养学习者某一方面的技能，同时也注意不同技能相互间的配合。为达此目的，技能系列商务汉语教材既有分技能的细致讲解，又按照商务汉语需求提供大量有针对性的实用性练习，同时也为准备参加商务汉语考试（BCT）的人提供高质量的应试培训材料。

第2组：4册，商务汉语技能练习册。其中综合练习册（BCT模拟试题集）2册，专项练习册2册（一本听力技能训练册、一本阅读技能训练册）。

系列三，速成系列商务汉语教程，6册。其中包括：

初级2册，以商务活动中简单的生活类任务为主要内容，重在提高学习者从事与商务有关的社会活动的能力；

中级2册，包括生活类和商务类两方面的任务。教材内容基本覆盖与商务汉语活动有关的生活、社交类任务和商务活动中的常用业务类任务；

高级2册，选取真实的商务语料进行编写，着意进行听说读写的集中教学，使学习者通过学习可以比较自由、从容地从事商务工作。

本套商务汉语系列教材具有如下特点：

1. 设计理念新。各系列分别按照任务型和技能型设计，为不同需求的学习者提供了广泛的选择空间。

2. 实用性强。既能满足商务工作的实际需要，同时也是BCT的辅导用书。

3. 覆盖面广。内容以商务活动为主，同时涉及与商务活动有关的生活类功能。

4. 科学性强。教材立足于商务汉语研究基础之上，吸取现有商务汉语教材成败的经验教训，具有起点高、布局合理、结构明确、科学性强的特点，是学习商务汉语的有力助手。

总之，本套商务汉语系列教材是在第二语言教材编写理论指导下完成的一套特点鲜明的全新商务汉语系列教材。我们期望通过本套教材，帮助外国朋友快速提高商务汉语水平，快速走进商务汉语世界。

新丝路商务汉语系列教材编写组
于北京大学勺园

新丝路商务汉语系列教材总目

新丝路商务汉语综合系列	李晓琪　主编
新丝路初级商务汉语综合教程Ⅰ	章　欣　编著
新丝路初级商务汉语综合教程Ⅱ	章　欣　编著
新丝路中级商务汉语综合教程（生活篇）Ⅰ	刘德联　编著
新丝路中级商务汉语综合教程（生活篇）Ⅱ	刘德联　编著
新丝路中级商务汉语综合教程（商务篇）Ⅰ	蔡云凌　编著
新丝路中级商务汉语综合教程（商务篇）Ⅱ	蔡云凌　编著
新丝路高级商务汉语综合教程Ⅰ	韩　曦　编著
新丝路高级商务汉语综合教程Ⅱ	韩　曦　编著
新丝路商务汉语技能系列	李晓琪　主编
新丝路商务汉语听力教程	崔华山　编著
新丝路商务汉语口语教程	李海燕　编著
新丝路商务汉语阅读教程	林　欢　编著
新丝路商务汉语写作教程	林　欢　编著
新丝路商务汉语考试阅读习题集	李海燕　编著
新丝路商务汉语考试听力习题集	崔华山　编著
新丝路商务汉语考试仿真模拟试题集Ⅰ	李海燕　林　欢　崔华山　编著
新丝路商务汉语考试仿真模拟试题集Ⅱ	李海燕　崔华山　林　欢　编著
新丝路商务汉语速成系列	李晓琪　主编
新丝路初级速成商务汉语Ⅰ	蔡云凌　编著
新丝路初级速成商务汉语Ⅱ	蔡云凌　编著
新丝路中级速成商务汉语Ⅰ	崔华山　编著
新丝路中级速成商务汉语Ⅱ	崔华山　编著
新丝路高级速成商务汉语Ⅰ	李海燕　编著
新丝路高级速成商务汉语Ⅱ	李海燕　编著

编写说明

本书是新丝路高级商务汉语综合系列教材的高级篇，适用于汉语水平达到中级以上学习者。完成了这两册的学习后，学习者可以较完整地掌握商务活动所需要的语言、文化知识，并能从事商务活动。

全书分Ⅰ、Ⅱ两册，各8个单元。第一册主要以商务贸易为主，内容包括欢迎宴会、商务考察、贸易谈判、运输保险、争端与仲裁、海关商检、银行税务和股票基金。第二册以企业生产管理为主，内容包括招聘、企业管理、生产经营、劳资纠纷、广告销售、售后服务、知识产权和社会公益等内容。

本书的主要特点是：

第一，实用性。紧密结合商务汉语考试（BCT）大纲安排教学内容，并与该系列初、中级教材在内容和形式上有所衔接。

第二，商务场景化。课文涉及了主要商务活动的方方面面，内容丰富，形式新颖，场景活泼，对话生动。

第三，串珠式课后练习设计。每课之后的练习，既是课文知识的延伸和呼应，又是课文内容的补充和巩固，对使用者很有帮助。

第四，较广的知识覆盖。对涉及的商务活动中有关背景知识和文化知识，均有较全面介绍。

本书是为打算在中国从事商务活动且汉语已经达到一定水平的学习者编写的。教材中每个单元都表现了某一特定商务活动的主要情景，课文和练习相辅相成，同时兼顾了各项语言技能在商务活动中的实际运用。学习者通过对课文的学习，完成课后提供的练习，便可以掌握在中国从事商务活动的基本语言技能。需要指出的是，"练一练"中有相当一部分是任务型的练习，学习者应该尽可能地自己查找和收集完成该练习所需要的背景材料，以满足日后商务活动中的实际需要。

本书在编写过程中得到了李晓琪教授的关心与支持，责任编辑刘正老师也提出了许多宝贵的意见和建议，在此致以诚挚的谢意。由于编者水平有限，书中可能还会有一些疏漏和不足，敬请批评指正。

编　者

目 录

第一单元　欢迎宴会 …………………………………………………… 1
　一、在宴会上 ………………………………………………………… 1
　二、请柬 ……………………………………………………………… 7
　三、在宴会上的欢迎辞 ……………………………………………… 10

第二单元　商务考察 …………………………………………………… 14
　一、在工业园区 ……………………………………………………… 14
　二、市场调查 ………………………………………………………… 18
　三、投资环境 ………………………………………………………… 22

第三单元　贸易谈判 …………………………………………………… 27
　一、报价 ……………………………………………………………… 27
　二、价格谈判 ………………………………………………………… 32
　三、签订合同 ………………………………………………………… 37

第四单元　运输保险 …………………………………………………… 40
　一、货物包装 ………………………………………………………… 40
　二、货物运输 ………………………………………………………… 45
　三、财产保险 ………………………………………………………… 48

第五单元　争端与仲裁 ………………………………………………… 53
　一、争端 ……………………………………………………………… 53
　二、仲裁 ……………………………………………………………… 57
　三、倾销与反倾销 …………………………………………………… 61

第六单元　海关商检 ··· 65
　　一、在海关 ··· 65
　　二、商检 ··· 70

第七单元　银行税务 ··· 76
　　一、银行存贷款 ··· 76
　　二、税收 ··· 80

第八单元　股票基金 ··· 86
　　一、股票 ··· 86
　　二、基金 ··· 91

听力原文 ·· 96

词语总表 ·· 102

第一单元 欢迎宴会

一、在宴会上

(美国企业家代表团将在上海进行为期 3 天的访问，上海企业家协会会长设宴欢迎)

协会会长：欢迎，欢迎。欢迎您率团访问中国，访问我市。

代表团团长：非常感谢您的邀请，使我们有幸能够来到中国，来到上海，亲身体验和感受你们日新月异的发展变化。

协会会长：不客气。希望你们在上海期间过得愉快。怎么样，长途飞行很辛苦，时差倒过来了吗？休息得还好吗？

代表团团长：很好。飞机很平稳。我们到上海以后，您的同事给予了我们热情周到的照顾，使我们感到宾至如归。

协会会长：那太好了，请入席吧，我给你们接风洗尘。

代表团团长：会长先生在百忙之中设宴款待我们，使我们备感荣幸。

协会会长：哪里哪里。中国有句古话："有朋自远方来，不亦乐乎？"热情好客是我们中国人的传统。来，让我们举杯，为友谊与合作干杯！

代表团团长：对，为友谊与合作干杯！

词语

1. 亲身	qīnshēn	副	personal；firsthand
2. 体验	tǐyàn	动	experience
3. 感受	gǎnshòu	动	experience；feel
4. 日新月异	rì xīn yuè yì		change rapidly；change with each passing day
5. 时差	shíchā	名	time difference；jet leg
6. 给予	jǐyǔ	动	give
7. 宾至如归	bīn zhì rú guī		make somebody feel at one's home
8. 入席	rù xí		take one's seat at a banquet
9. 接风洗尘	jiē fēng xǐ chén		welcome and help wash off the dust—to treat sb. to a dinner on arriving
10. 百忙之中	bǎi máng zhī zhōng		while fully engaged；in the thick of thing
11. 设宴款待	shè yàn kuǎndài		give a bangnet in hornour of sb.
12. 备感荣幸	bèi gǎn róngxìng		greatly honored
13. 好客	hàokè		hospitable
14. 干杯	gān bēi		drink a toast；cheers
15. 有朋自远方来，不亦乐乎？	Yǒu péng zì yuǎn fāng lái, bú yì lè hū?		What a pleasure it is to have a friend come from afar! Isn't it a delight should friends visit from afar?

你知道吗？

中国人热情好客，每当有客人远道而来的时候，主人通常都要设宴招待客人，为他们"接风洗尘"，扫除旅途的"风尘"，也就是劳累。例如：

(1) 听说你上周刚从美国回来，我们聚一聚吧，也算是给你接风洗尘了。

(2) A：今天你做了这么多的好菜招待我们，辛苦你了。

　　B：哪里哪里，没几个菜。随便做了点儿，就算是给你接风洗尘。

学一学

> 给予
>
> 到了上海以后，您的同事给予了我们热情周到的照顾，使我们感到宾至如归。

"给（jǐ）予"是动词，用于较正式的场合，表示"给"。例如：

(1) 所有参赛的运动员和教练员，对组织方在比赛期间所给予的热情接待和关怀表示了衷心的感谢。

(2) 专家学者对该厂最新研制的发动机装置给予了充分的肯定，一致认为该设备已经接近或达到国际先进水平。

练一练

1. 仿照例句，根据下面方框中的提示完成对话：

A:	B:
例：家宴，欢迎，美国朋友	感谢，主人，盛情
我今天设家宴为远道而来的美国朋友接风洗尘。欢迎你们来中国，来我家做客。	非常感谢主人的盛情，使我们有一种宾至如归的感觉。谢谢了。
(1) 董事长，晚上，迎宾楼，代表团	感谢，款待
(2) 张华回国了，这个周末，约几位朋友	你负责联系朋友，我负责安排饭店

2. 仿照例句，根据提示，用"给予"完成句子：

> 例：老师，在复习考试期间，学生，耐心细致的指导和帮助
>
> 在复习考试期间，老师对学生给予了耐心细致的指导和帮助。
>
> (1) 国际奥委会，场馆建设及赛事安排，高度评价
>
> (2) 企业管理层，产品质量问题，高度重视

3. 根据括号中提供的词语，选择恰当的填空：

美国企业家代表团在_____（访问、访华）上海期间，受到了主人的_____（热情、热烈）接待。客人们为能来中国亲身_____（感觉、感受）中国日新月异的_____（变化、变革）而感到荣幸。虽然经过了长途飞行，但主人的热情款待使客人们感到宾至如归。最后，他们共同举杯，为友谊与合作干杯。

4. 根据下面的提示，完成对话：

(1) A：欢迎你再一次来到北京。怎么样，北京这两年的变化大吗？

B：_____（变化很大，日新月异）

(2) A：客人是否都已经到了？

B：_____（到齐，入席）

(3) A：你觉得这个酒店的服务怎么样？

B：_____（很好，宾至如归）

(4) A：你的毕业论文写完了吗？

B：_____（抽空，修改）

(5) A：这次中国之行给你印象最深的是什么？

B：_____（热情好客）

5. 模仿课文中，根据下面的提示，与你的同学共同完成一段对话。在对话中，要包括下面提到的这些内容。

> 你是某企业的董事长。新年将至，你邀请了许多客户和朋友共度佳节。在欢迎会上，你需要：（1）对客人表示欢迎；（2）招待客人；（3）介绍朋友们相互认识；（4）与客人相互问候，等等。

6. 你知道该如何为你的客人点菜吗？请你和你的两位同学分角色完成这个场景对话。方框中是一些你可能会用到的词语。

> suān tián là má jiān zhá dùn chǎo qīngzhēng jī yā yú niúròu
> 酸 甜 辣 麻 煎 炸 炖 炒 清蒸 鸡 鸭 鱼 牛肉
> yángròu zhūròu hǎixiān dàxiā sè xiāng wèi jù quán nánfāngcài
> 羊肉 猪肉 海鲜 大虾 色 香 味 俱 全 南方菜
> běifāngcài qīngdàn kǒuwèi
> 北方菜 清淡 口味

热菜

jiāoyán páigǔ
椒盐 排骨

yúxiāng ròusī
鱼香 肉丝

jiāoyán dàxiā
椒盐 大虾

suànróng xiānbèi
蒜蓉 鲜贝

qīngzhēng lúyú
清蒸 鲈鱼

méicài kòuròu
梅菜 扣肉

chénpí niúròu
陈皮 牛肉

tángcù lǐji
糖醋 里脊

tiěbǎn niúliǔ
铁板 牛柳

wǔcǎi xiārén
五彩 虾仁

Xīhú cùyú
西湖 醋鱼

jīngjiàng ròusī
京酱 肉丝

gǔlǎoròu
古老肉

cōngbào yángròu
葱爆 羊肉

汤类

sǔnjiān lǎoyā tāng
笋尖 老鸭 汤

shānyào páigǔtāng
山药 排骨汤

yútóu dòufutāng
鱼头 豆腐汤

wūjītāng
乌鸡汤

qīngdòu yútóutāng
青豆 鱼头汤

fānqié jīdàntāng
番茄 鸡蛋汤

dōngguā lǐyútāng
冬瓜 鲤鱼汤

主食

mǐfàn
米饭

guōtiē
锅贴

bābǎofàn
八宝饭

cōngyóubǐng
葱油饼

xuěcài chǎo niángāo
雪菜 炒 年糕

7. 华清公司的董事长要宴请美国企业家代表团。请你了解一下中国人在请客时应该如何安排客人入座，然后根据下面出席宴会的客人名单及职务来安排座位。

主人	客人
华清公司董事长张华先生	美国企业家代表团团长威廉斯先生
华清公司销售部经理王强先生	美国企业家代表团副团长马克先生
华清公司广告部经理李凯文先生	美国企业家代表团团员克里斯先生
华清公司办公室主任张斌先生	美国企业家代表团团员克拉利先生

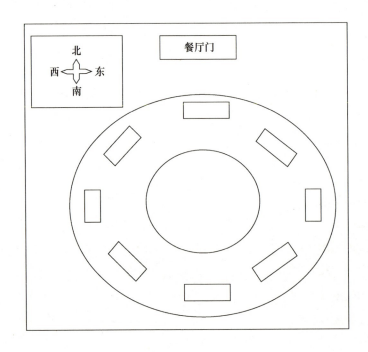

二、请 柬

（下面是一份锐步集团中国公司成立10周年招待会的邀请函）

尊敬的王军董事长：

　　2012年，中国经济的快速发展使中国成为全世界关注的焦点。这一年对锐步集团来说也非同寻常。经过10年的艰苦奋斗，我们终于在中国市场站稳脚跟，为中国运动员和体育爱好者献上了高质量的体育用品，我们的产品受到了众多用户的青睐。

　　为庆祝和巩固我们已经取得的成就，加强我们与客户的友好协作关系，特别是与回力集团中国有限公司至关重要的合作，我非常诚挚地邀请您出席定于2012年9月20日晚在友谊宾馆举行的宴会。如您届时能光临并发表简短讲话，我们将备感荣幸。

　　期待着您的光临。

　　顺致

良好祝愿！

锐步集团总裁
费德里
2012年7月14日

词语

1. 请柬	qǐngjiǎn	名	invitation card；invitation
2. 关注	guānzhù	动	follow with interest；pay close attention to；show concern for
3. 焦点	jiāodiǎn	名	central issue；focus
4. 非同寻常	fēi tóng xúncháng		out of the ordinary；unusual

5. 艰苦奋斗	jiānkǔ fèndòu		work hard and perseveringly；struggle hard amid difficulties
6. 青睐	qīnglài	动	favour；good graces
7. 巩固	gǒnggù	动	consolidate；strengthen；solidify；secure
8. 协作	xiézuò	动	cooperate with
9. 至关重要	zhì guān zhòngyào		most important
10. 诚挚	chéngzhì	形	sincere；earnest
11. 届时	jièshí	副	at the appointed time；on the occasion
12. 光临	guānglín	动	presence（of a guest，etc）

学一学

至关重要

加强我们与客户的友好协作关系，特别是与回力集团中国有限公司至关重要的合作。

"至关重要"表示非常重要。用在句中表示强调。例如：

(1) 要想增加产品的销量，广告宣传也是至关重要的。

(2) 语言环境是学好一门外语至关重要的条件之一。

练一练

1. 仿照例句，用"至关重要"改写句子：

> 例：要想烧出美味的中国菜，火候的掌握非常关键。
> 　　掌握火候是烧好中国菜至关重要的因素。
>
> (1) 充分了解谈判对手的情况，是决定谈判能否成功的一个重要条件。
>
> (2) 除了个人技术之外，运动员心理素质也是他能否夺冠的关键因素。

2. 根据课文选择正确答案。

（1）这是一份：

  A. 合同书   B. 广告

  C. 会议通知   D. 邀请信

（2）锐步集团主要生产：

  A. 家用电器   B. 通讯设备

  C. 体育产品   D. 绿色食品

（3）锐步集团进入中国市场已经：

  A. 10 年   B. 1998 年

  C. 2012 年   D. 20 年

（4）锐步集团的总裁希望：

  A. 王董事长出席晚宴   B. 与回力集团进行贸易谈判

  C. 王军董事长邀请他出席晚宴   D. 王军派代表参加宴会

3. 根据括号中提供的词语，选择恰当的填空：

（1）中国因成功举办 2008 年北京奥运会而受到世界各国的_____（关心、关注）。

（2）该公司生产的家用轿车受到了广大消费者的_____（青睐、焦点）。

（3）本公司将于 8 月 8 日晚上 8 点在长城饭店召开新产品发布会，_____（按时、届时）敬请光临。

（4）这两个国家在许多领域都建立了良好的_____（合作、合同）关系。

4. 假设你是回力集团董事长的秘书，你收到下面这份请柬后，需要向董事长口头汇报请柬内容，请你试一试。

请 柬

  为庆祝锐步集团进入中国市场 10 周年，锐步集团董事长费德里先生将在友谊宾馆举行宴会。敬请偕夫人参加。

  地点：友谊宾馆莲花厅。

  时间：2012 年 9 月 30 日晚上 7:30。

  联系电话：010-8935490。

5. 你喜欢喝酒吗？你喝过中国的白酒吗？请你做一个调查，然后将下面的酒和它的产地用连线连接起来：

水井坊　　　　　　　　贵州

古井贡　　　　　　　　四川

酒鬼　　　　　　　　　湖南

二锅头　　　　　　　　山西

五粮液　　　　　　　　四川

茅台　　　　　　　　　山西

竹叶青　　　　　　　　安徽

汾酒　　　　　　　　　北京

6. "酒逢知己千杯少"是中国人形容一个人遇到知心朋友时的一种情感。好朋友在一起喝酒，即使喝了一千杯酒也不觉得多。在你们国家，有没有类似的表达方式？请你介绍一下你们国家的名酒。

三、在宴会上的欢迎辞

（下面是第八届中国家电博览会的主办者在晚宴上的欢迎辞）

各位来宾，各位朋友，女士们，先生们，晚上好！

在这金秋十月，在这风景如画的羊城，我们迎来了第八届中国家用电器博览会，迎来了来自五湖四海的朋友。我们对各位的到来表示热烈欢迎！

中国家用电器博览会自2001年首次举办以来，至今已有十一个年头。它已经成为世界家电行业展示新产品、切磋技艺、交流经验、共同发展的一个盛会，也是云集世界各龙头家电生产企业及销售企业的一个盛会。我们相信，本届家电博览会也会像过去一样，成为层次最高、规模最大、种类最全、客商最多、成交量最好的一次国际贸易盛会。

在环境保护成为当今世界共同关注的话题时,我们将本届家电博览会的主题定为"绿色家电",其深远的意义不言而喻。科研机构和专家学者的参与是本届博览会的亮点。

"有朋自远方来,不亦乐乎?"让我们共同举杯,预祝本届博览会取得圆满成功!

词语

1. 五湖四海	wǔ hú sì hǎi		the five lakes and the four seas—everywhere;from all corners of the land
2. 切磋	qiēcuō	动	learn from each other by exchanging views
3. 云集	yúnjí	动	gather;come together from various places
4. 龙头	lóngtóu	名	leader;number one
5. 不言而喻	bù yán ér yù		it is self-evident;it goes without saying that...
6. 亮点	liàngdiǎn	名	highlight
7. 预祝	yùzhù	动	congratulate beforehand
8. 圆满成功	yuánmǎn chénggōng		a great success

答一答

1. 首届中国家用电器博览会是在哪一年举办的?
2. 来参加博览会的客商可以在博览会上做什么?
3. 中国家用电器博览会有什么特点?
4. 本届博览会与以往的不同之处是什么?

练一练

1. 仿照例句，用"不言而喻"改写句子：

例：中国为维护世界和平做出了杰出的贡献。 　　中国为维护世界和平所做出的贡献是有目共睹、不言而喻的。
（1）马克的北京话说得这么好，他一定在北京生活过很长一段时间。
（2）经过半年多的服用中药和加强锻炼，他的身体状况有了明显的好转。

2. 选词填空：

> 云集　　亮点　　切磋　　五湖四海　　龙头

（1）北京语言大学的留学生很多，有日本的、韩国的、美国的、德国的、新西兰的，总之，他们来自_____。

（2）马克和王军都非常喜欢打乒乓球，他俩常一起去体育馆练球，_____技艺。

（3）宏图公司最近几年业务发展迅速，已经成为海运行业的_____企业了。

（4）2010年世界各国的企业_____上海，参加了在上海举办的世博会。

（5）大众汽车公司最新生产的一款轿车成了本届车展的_____，引来了众多观众。

3. 假如你是某跨国公司的首席执行官，应邀参加2012年在上海举办的博览会。在博览会的欢迎宴会上，你将代表所有参展客商发表讲话。请你写一篇不超过300字的演讲稿。

听一听

下面是宾主在宴会上的一段对话,请听后回答下列问题:

(1) 客人喜欢吃中餐吗?为什么?

(2) 中餐桌和西餐桌有什么不同?

(3) 吃中餐的时候,是每个人吃一盘菜还是一起吃许多盘菜?

(4) 为什么吃西餐的时候聊天不方便?

第二单元　商务考察

一、在工业园区

（某国沃得芬通讯公司拟在中国投资建厂，他们派出了一个三人代表团赴苏州工业园区进行商务考察。下面是园区政府办公室张主任与代表团之间的对话）

张主任：苏州工业园区建成于1994年，面积288平方公里。

费德瑞团长：能否请张主任给我们介绍一下园区的外商投资情况？

张主任：可以。在苏州工业园区投资的主要是高科技企业，其中世界500强企业在园区内投资了138个项目，投资上亿美元的项目有118个。

费德瑞团长：请问外商在园区投资有何税收优惠政策？

张主任：有很多具体的优惠政策，其中值得一提的是高科技企业可以享受15%的企业所得税税率，并免征3%的地方所得税。

费德瑞团长：这个听起来很诱人。除此之外，在整个投资环境上有什么与众不同之处？

张主任：园区的投资环境可以说是首屈一指的。无论是从基础设施方面看，还是从交通环境上说，都是其他工业园区所无法企及的。最重要的是园区设有世界一流的通关设备，真正意义上实现了"一次申报，一次查验，一次放行"。

费德瑞团长：这一点很关键。非常感谢张主任的介绍，这次真是不虚此行。我们回去以后先向董事会汇报，再作最后定夺。

张主任：没问题。再见。

第二单元 商务考察

词语

1. 拟	nǐ	动		intend; plan
2. 税收	shuìshōu	名		tax revenue
3. 优惠	yōuhuì	形		preferential
4. 所得税	suǒdéshuì	名		income tax
5. 税率	shuìlǜ	名		tax rate; rate of taxation
6. 免征	miǎnzhēng	动		exempt from taxes
7. 与众不同	yǔ zhòng bù tóng			out of ordinary; different from the rest; unusual
8. 首屈一指	shǒu qū yì zhǐ			come first on the list; be matchless; come out first
9. 无法企及	wúfǎ qǐjí			far beyond one's reach; matchless; unable to catch up with
10. 通关	tōngguān	动		declare sth at the customs; apply to the customs
11. 不虚此行	bù xū cǐ xíng			the trip has been well worthwhile; the tourney has not been made in vain
12. 定夺	dìngduó	动		make the final decision; decide

你知道吗？

当你想要表示你的某一次参观访问或旅行非常有收获的时候，你可以说"不虚此行"。比如：

(1) 暑假期间我去了云南，这次真是不虚此行，不仅体验了少数民族的风土人情，还品尝了许多美味食品。

(2) 考察团的这次中国之行收获非常大，他们除了与中方签订了一个投资一千万美元的合作项目外，还商讨了进一步合作的可能性，真是不虚此行。

学一学

1. 何

请问在园区投资有何税收优惠政策？

疑问代词，意思是"什么"，常用的有"为何"、"因何"、"何时"、"如何"等。例如：

(1) A：请问你何时再来中国？

   B：我想不会太久，最迟明年这个时候我会再回来看你们的。

(2) A：今天的会议内容你有何具体安排？

   B：我想主要还是将下半年的生产计划和工作重点向董事会进行汇报。

2. 企及

无论是从基础设施方面看，还是从交通环境上说，都是其他工业园区无法企及的。

"企及"，意思是"赶上"，前面可以加上"无法"或"难以"，常用来形容目标很高，或者难度很大的意思。例如：

(1) 中国体操运动员在北京奥运会上表现出色，他们的成绩是其他国家体操运动员难以企及的。

(2) 这个部门的销售额占了公司的一半以上，其他部门是无法企及的。

练一练

1. 下面是一条会议通知，请你和你的同学根据通知的内容，进行对话练习。在你们的对话至少要在两次用到"何"这个疑问词。

第二单元　商务考察

> **通　知**
>
> 　　经董事会研究决定，本公司将于2012年8月6日在公司总部会议厅召开部门经理以上的管理层会议。会议将讨论员工培训方案的实施细则。
>
> 　　　　　　　　　　　　　　　　　　　　8月1日

2. 仿照例句，用"难以企及"或"无法企及"改写句子：

> 　　例：2008年北京奥运会的开幕式精彩极了，以后哪个国家要想超过它，可能都有点儿困难。
>
> 　　2008年北京奥运会开幕式非常精彩，如此精彩的开幕式是难以企及的。

　　（1）中国近两年的经济发展速度非常快，没有几个国家能够与之相比。

　　（2）美国游泳运动员菲尔普斯在2008年北京奥运会上获得了8块金牌，这个成绩几乎是其他人无法超越的。

3. 选词填空：

> 首屈一指　　设立　　成立　　企及　　投资　　项目
> 定夺　　享受　　享有　　免征　　与众不同

　　某国沃德芬通讯集团有意在苏州工业园区_____建厂。他们了解到在园区投资的主要是高科技企业，投资上亿美元的_____就有118个。更诱人的是高科技企业可以_____15%的所得税税率。而且，工业园区的投资环境非常好，有很多方面都是其他园区无法_____的，尤其重要的是该园区设有世界一流的通关设备。考察团对此非常感兴趣，但需要回去后向董事会汇报，再做最后_____。

4. "首屈一指"意思是值得夸赞的，非常好的。你能否用"首屈一指"改写下面的句子？

　　（1）大卫在北京大学进修了半年汉语，他的口语水平提高很快，现在是公司外国员工中普通话说得最好的一个了。

　　（2）前两天我看了电影《新少林寺》，中国功夫真是名不虚传，令人佩服。

　　（3）马克的摄影技术非常好。

5. 下面是一幅地图,请你根据地图上提供的信息,用课文里学过的词语和句型,向你的同学介绍一下你选择在苏州投资的理由。全文不要超过300字。(提示:从地理位置,交通状况,周边经济等方面介绍)

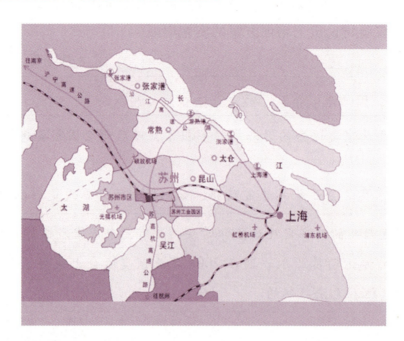

6. 请你和一个同学组成一组,选择中国的一个城市,对这个城市的地理位置、交通状况、经济基础等因素做一个调查,然后决定是否在这个城市投资建企业。你们需要为你们的决定找出充分的理由。对话的长度不要超过5分钟。

二、市场调查

(嘉伟集团打算投资中国的房地产市场,为此他们派出了一个三人考察团对上海的房地产市场进行考察。下面是他们的一段对话)

大　卫:昨天的报纸上登出了一条消息,有一家著名的房地产开发商率先开始降价了。

马　克:我觉得这是一个好的兆头,说明中国的房地产泡沫已经开始破灭。

大　卫：可是报纸同时还登了另一个开发商的楼盘涨价的消息。

马　克：是的。现在的市场还很难说。中国的老百姓现在都在持币观望。

费德里：在世界房地产市场普遍出现房贷危机的情况下，我认为中国房地产还有降价空间。上海是一个国际大都市，如果我们时机选择得好，应该说还是有机会的。

大　卫：我同意。我建议我们明天去各个楼盘看一下，实地考察一下这里的销售状况，收集第一手资料，然后回去做技术分析。

费德里：对。收集第一手资料，经过技术分析后提出我们的意见，然后向董事会汇报。

词语

1.	率先	shuàixiān	副	take the leading in doing sth.；be the first to do sth.
2.	降价	jiàng jià		cut price；reduce price
3.	兆头	zhàotou	名	sign；omen；portent
4.	泡沫	pàomò	名	bubble
5.	楼盘	lóupán	名	buildings；houses
6.	涨价	zhǎng jià		rise in price；inflation of prices
7.	持币观望	chí bì guānwàng		holding money without buying
8.	房贷危机	fángdài wēijī		home loan crisis
9.	收集	shōují	动	collect；gather

学一学

率先

有一家著名的房地产开发商率先开始降价了。

率先，副词，表示带头，首先的意思。例如：

（1）在志愿者招募会上，彼得率先报名，做了一名奥运志愿者。

（2）在新闻发布会上，法国驻华记者率先发言，高度赞扬了中国政府对东南亚受灾地区的人道主义援助，同时也就具体援救方案提出了一些问题。

练一练

1. 用"率先"改写下面的句子：

（1）在400米跑的比赛中，中国队王军首先到达了终点。

（2）小王是公司里面第一个完成全年销售任务的销售员。

2. 假设你在参加某公司的例会，各销售部门的经理需要向董事会汇报上半年的业绩。在会议上，人力资源部的张经理第一个发言，汇报了他们对公司员工培训计划的完成情况，以及明年的招聘计划。销售部的王经理向董事会汇报了部门员工的销售业绩，其中黄强第一个完成上半年的销售任务。

现在请你根据上面提供的信息，用"率先"这个词造两个句子。

（1）

（2）

3. 选词填空：

持币观望	时机	涨价	预测	率先
著名	危机	破灭	兆头	降价

报纸上有消息说一家_____的房地产开发商_____开始降价了。马克认为这

是一个好_____，说明中国的房地产泡沫已经开始_____。可是大卫不这么看，因为同一份报纸上也有楼盘_____的消息。总之，现在的房地产市场很难_____，中国的老百姓现在都在_____。但是费德里认为，在世界房地产市场普遍出现房贷_____的情况下，中国房地产还有_____空间。上海作为一个国际大都市，如果_____选择得好，应该说还是有机会的。

| 持币观望　　降价　　泡沫　　收集　　诱人　　涨价　　兆头 |

中国汽车市场的价格战愈演愈烈。很多车型上市不到几个月就出现了降价的_____，"买车送装饰"、"买车送保险"等促销广告更是随处可见。尽管如此，还是没有多少消费者被这些_____的广告打动，很多人都在_____，要等到自己喜爱的车型真正_____了才出手购买。因此，要想在中国投资汽车行业，就一定要_____第一手资料，做好市场调查，掌握消费者的心理，这样才能盈利。

4. 假设澳大利亚奥敦食品公司要在中国投资建一个食品加工厂，主要生产奶制品。经过实地考察，考察团选定了两个城市。下面是这两个城市的投资环境，请你研究后做出决定，然后向全班汇报，说明你选择这个城市的原因：

苏州	兰州
优点：有工业园区； 　　　享受税收优惠政策； 　　　交通便利； 　　　周边城市工商业发达； 　　　水质优良。	优点：劳动力便宜； 　　　土地价格便宜； 　　　草场资源丰富， 　　　靠近原料产地。
缺点：距离原料产地远； 　　　劳动力成本昂贵； 　　　土地价格高； 　　　建设成本高。	缺点：交通相对落后； 　　　城市经济欠发达； 　　　城市消费水平不高。

三、投资环境

(考察投资环境是商务考察中的一个重要环节。下面是一段有关投资环境的文章)

长三角地区以上海为龙头,以苏浙为两翼,地理相近,人文相亲,市场结构互补。作为中国实力最强的经济区域,中国希望通过继续扶持长三角的发展带动全国经济区域转型。在国务院的指导下,长三角地区的发展定位由之前的"全球制造业中心"转为以现代服务业发展体系为主,建立国际金融中心、贸易中心以及物流中心。

据日前在上海召开的首届泛长三角合作与发展论坛消息,随着交通设施的大力改善和产业结构调整的深化,长三角与周边城市的关系将越发密切。一旦市场条件成熟,长三角将表现出更大的包容性,这种彰显扩容的需求,使构建泛长三角经济区域的呼声日益高涨。

词语

1. 翼	yì	名	the wing of a bird; side; flank
2. 互补	hùbǔ	动	complementary
3. 扶持	fúchí	动	support with the hand; give aid to; help to sustain
4. 深化	shēnhuà	动	deepen; intensify
5. 越发	yuèfā	副	all the more; the more; even more
6. 一旦	yídàn	副	once; now that
7. 包容性	bāoróngxìng	名	the nature of containing; show the nature of hold
8. 彰显	zhāngxiǎn	动	show

9. 呼声	hūshēng	名	cry；voice
10. 日益	rìyì	副词	increasingly；more and more；day by day

答一答

根据课文内容回答下列问题：

(1) 长三角经济区主要指哪几个省市？

(2) 长三角的发展对中国经济有何作用？

(3) 长三角的经济将发生什么样的转型？

(4) 构建泛长三角经济区需要什么条件？

学一学

1. 以……为……

长三角地区以上海为龙头，以苏浙为两翼，地理相近，人文相亲，市场结构互补。

"以……为……"意思是"把……当作/作为……"。例如：

(1) 北京奥运会开幕式以中国五千年的历史为主线，将中国文化的精髓融入到了短短的两个多小时的表演中。

(2) 来中国学习汉语的外国留学生还是以日韩和美国学生为主。

2. 一旦……

一旦市场条件成熟，长三角将表现出更大的包容性。

"一旦"是副词，表示的意思是"要是有一天"，可以和"将"、"就"等词语连在一起使用。例如：

(1) 这条高速公路一旦建成，将带动整个西北地区的经济快速发展。

(2) 一旦会议日期确定下来，我就通知你，你就可以订机票和旅馆了。

练一练

1. 用"以……为……"改写下列句子：

(1) 在工业园区投资的外资企业多数都是高科技企业，也有一些是制造型企业和服务行业。

(2) 市政府希望通过汽车生产带动其他相关行业的发展。

2. 根据下面方框中的提示，用"一旦"完成对话：

(1) 请问你下学期的课定下来了吗？	没有。等到定下来以后，会告诉你。
(2) 这种产品在中国会受欢迎吗？	当然。中国人的购买力现在越来越强了。我相信这种产品进入中国市场，一定会畅销。

3. 替换下列画线部分的词语：

她们　　一旦　　从学校毕业，马上　　就　　能找到一份很好的工作。

你	完成家庭作业，	可以玩儿电脑游戏。
他的小说	出版，很快	能销售一空。
招聘广告	发布出去，前来应聘的人很快	会挤满大厅。

4. 用"一旦"改写下面的句子：

(1) 买了汽车一定要买汽车保险，不然万一有一天发生车祸可就麻烦了。

(2) 他把护照复印了一下，如果遗失了，去使馆补办的时候就比较方便了。

(3) 他的资金已经准备好了，只要和卖方谈妥价钱，就可以签订合同了。

5. 根据括号中提供的词语选择恰当的填空：

(1) 伊人服装厂已经成为这个城市的＿＿＿＿＿＿（龙头、名牌）企业。

(2) 2011年该企业虽然遇到了资金上的困难，但是在政府的＿＿＿＿＿＿（坚持、扶持）下，终于渡过了难关。

（3）手机的功能越来越多了，样式也_____（深化、越发）时尚了。

（4）本届展览会_____（彰显、互补）了时代精神和悠久的中国传统文化。

6. 假设你是美国一家大型超市的总经理。你们公司现在准备到中国来开拓市场，你需要就下面一些问题进行调研，请写一个书面材料向董事会汇报，不要超过300字：

(1) 中国现有超市的经营状况；（家乐福、麦德龙、物美等）

(2) 与佳美超市合作的可能性（客流量、销售量、地理位置、客源、供货商等）

(3) 如果抢滩中国市场，需要投入多少资金？需要多久能够收回成本，开始盈利？如果与佳美合作，如何取得双赢？

听一听

生词准备

1. 暨	jì	连	and
2. 依托	yītuō	动	rely on；depend on
3. 租赁	zūlìn	动	rent；lease；hire

下面是一段有关工业园区的听力材料,请听后回答下列问题:

1. 宝鸡高新区汽车工业园开园暨陕汽集团汽车生产制造基地开工典礼仪式在何时举行?该园区总投资多少亿元?
2. 这个工业园区内都有哪些设施?
3. 目前已经有多少个项目签约入园?
4. 到2012年,该园区将实现销售多少亿元?

第三单元　贸易谈判

一、报　价

（在教室里）

大　卫：王老师，我想再问一下，通常在商业谈判中，究竟哪一方应该先报价？

王老师：在商业谈判中，按照惯例，通常是发起谈判者先报价，买方与卖方之间是卖方先报价。

大　卫：那先报价好还是后报价好呢？

王老师：先报价的好处是能先行影响、制约对方，把谈判限定在一定的框架内，并在此基础上最终达成协议。

大　卫：那我以后在谈判的时候就要争取先报价。

王老师：任何事情都是有利有弊的。先报价虽然有好处，但是也泄露了一些情报。对方听了以后可以同自己预期的价格进行比较和调整，合适了就拍板成交，不合适就杀价。

大　卫：那该怎么办？

王老师：谈判中是决定"先声夺人"还是"后发制人"，一定要根据具体情况灵活处理。

词语

1. 报价	bào jià		quote；offer
2. 惯例	guànlì	名	usual practice；customary rule
3. 发起	fāqǐ	动	initiate；start
4. 制约	zhìyuē	动	restrict；constraint；restraint
5. 框架	kuàngjià	名	frame；framing
6. 有利有弊	yǒu lì yǒu bì		there are both advantages and disadvantages
7. 泄露	xièlòu	动	make known；let out
8. 预期	yùqī	动	expect
9. 拍板	pāi bǎn		have the final say；give the final verdict
10. 成交	chéngjiāo	动	strike a bargain；clinch（close）a deal
11. 杀价	shā jià		offer to buy something cheap；demand a lower price
12. 先声夺人	xiān shēng duó rén		forestall one's opponent（competitor）by a show of strength；ovcrawe others by displaying one's strength
13. 后发制人	hòu fā zhì rén		gain mastery by striking only after the enemy has stuck；let one's opponent start hitting and then get the better of him；spar with one's opponent，more for defence than attack
14. 灵活	línghuó	形	flexible；elastic

学一学

1. 究竟

究竟哪一方应该先报价？

"究竟"是副词，表示追问；也可以用在陈述句中表示"毕竟"、"到底"。例如：

(1) 这两家公司的条件都很好，我们究竟和哪一家合作？

(2) 小王今年暑假就毕业了，究竟是在国内找份工作，还是出国留学，他还在犹豫。

(3) 长三角地区究竟是中国实力最强的经济区域，在这里投资，我们一定会有好的回报。

2. 是……还是……

谈判中是决定"先声夺人"还是"后发制人"，一定要根据具体情况灵活处理。

表示两者之间选择一个，放在将选择事物的前面。例如：

(1) 你毕业以后是留在中国还是回美国？

(2) "鱼和熊掌不可兼得"，这个"黄金周"是去九寨沟还是去香格里拉，你只能选一个。

练一练

1. 用"究竟"改写下列句子：

(1) 这个问题很难，如何解决，他想了好久，可还是没有结果。

(2) 他今年就要大学毕业了，是考研究生继续学习，还是找工作，他还没有最后决定。

(3) 董事会已经连续开了四个小时的会议，最终会作出什么决定，我们还不得而知。

(4) 现在的房价很贵，选择租房还是买房，这个问题让很多年轻人都感到进退两难。

2. 根据下面的提示，用"是……还是……"提问并回答：

(1) 中餐——西餐

(2) 摇滚音乐——乡村音乐

(3) 中国——美国

(4) 法律——国际贸易

3. 用课文中出现的词语填空：

（1）我们公司的产品价格底线、销售额以及客户资料都属于公司机密，绝对不能_____出去。

（2）关于工厂扩建的问题涉及很多方面，作为厂长，我现在无法马上回答，需要公司的董事们开会研究以后才能_____。

（3）在北京队与上海队的这场篮球比赛中，北京队上半场虽然领先20分，但是上海队_____，在终场时以2分险胜。

（4）经过近两个月的艰苦谈判，贸易双方终于_____，并签订了购货合同。

4. 将可以搭配的词语用线连起来：

按照　　　　协议

达成　　　　处理

泄露　　　　惯例

先声　　　　情报

灵活　　　　夺人

5. 有很多动词可以和"价"连在一起用，如这一课中出现的"报价"、"杀价"，除此之外，你还知道哪些？可以查词典。完成后请仔细分辨它们的意思。

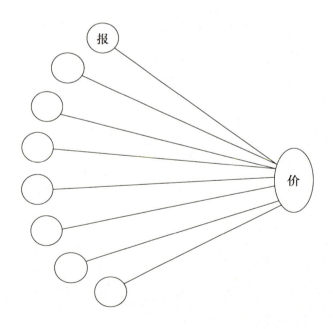

6. 你知道吗？下面这段话是一个谈判高手的经验之谈，请你仔细阅读，然后回答问题：

一般来说，如果你在谈判前做了充分的调查，对整个市场行情、对方的生产销售状况以及产品的性能等方面都了解，知己知彼，就要争取先报价；如果你不是行家，而对方是，那你就要沉住气，后报价，以便从对方的报价中获取信息，及时修正自己的想法；如果你的谈判对手是个外行，那无论你是内行也好，外行也好，都要先报价，力争牵制、诱导对方。

（1）如果在商业谈判中知己知彼，应该先报价还是后报价？

（2）什么情况下应该让对方先报价？

（3）如果你的谈判对手是个外行，你应该怎么做？

7. 假设你现在要到北京的秀水街去购物。下面是你要购买的服装、箱包、鞋帽等各种生活用品和礼品。请你和你的一个同学选择其中的一件商品进行讨价还价。

二、价格谈判

(德国德欧宝家居用品有限公司的玛丽小姐正在与华强家具公司的销售经理孙亮洽谈业务)

玛　丽：如果我们购买你们的产品，有什么折扣或是优惠吗？据我所知，贵公司的产品目前还未打入欧洲市场。

孙　亮：看来你们已经做了一番市场调查。

玛　丽：那当然。中国不是有一句古话，叫做"知己知彼，百战不殆"嘛！

孙　亮：玛丽小姐对中国文化的了解真是到家了。没错，我们目前是还没有打入欧洲市场，但是，随着我们在国内市场上知名度的不断提高，加上优良的产品质量，我相信我们的家具一旦进入欧洲市场，就会成为畅销产品。

玛　丽：我们愿意助贵公司一臂之力。由于贵公司的家具首次投放欧洲市场，我们希望你们再给10%的优惠。

孙　亮：这可能难以做到。虽然培育一个市场需要一定的投入，但我们已经做了大量的广告宣传。请相信我们的产品是符合世界流行趋势的，在欧洲也一定会有销路。考虑到我们是初次合作，为了双赢，我们可以再让5%，但是这个价格应该是离岸价。

玛　丽：这个价格我们难以接受。如果是离岸价，就意味着我们还需要承担运输、保险等费用，而在货物到达欧洲口岸后，还需要支付昂贵的关税。如此算来，我们几乎没有利润，更重要的是我们还要承担产品滞销的风险。

孙　亮：我们的报价已经是接近成本价了。正是考虑到我们首次进入欧洲市场，我们才愿意再让出一些利润。这样吧，为了表示我们的诚意，这个报价改为到岸价。

玛　丽：非常感谢你们为此做出的让步。让我们以茶代酒，为我们的成功合作干杯！

词语

1. 折扣	zhékòu	名		discount
2. 知名度	zhīmíngdù	名		popularity；publicity
3. 畅销	chàngxiāo	动		sell well；be in great demand
4. 一臂之力	yí bì zhī lì			give somebody a leg up；lend a hand
5. 培育	péiyù	动		educate；cultivate；foster
6. 销路	xiāolù	名		sale；market；outlet

7. 趋势	qūshì	名	trend；tendency
8. 双赢	shuāngyíng	名	win-win
9. 离岸价	lí'ànjià	名	FOB（free on board）
10. 昂贵	ángguì	形	expensive；costly
11. 滞销	zhìxiāo	动	sell sluggishly
12. 诚意	chéngyì	名	good faith；sincerity
13. 到岸价	dào'ànjià	名	CNF（cost and freight）

答一答

（1）你目前在欧洲是否能够买到该公司的产品？
（2）德欧宝公司是否有意与华强公司合作？
（3）华强公司认识自己的产品是否会在欧洲市场上畅销？
（4）这次谈判顺利吗？

 你知道吗？

"知己知彼，百战不殆"是《孙子兵法》中提到的一个招数。原意是说如果对敌我双方的情况都能了解透彻，打起仗来就可以立于不败之地。现在常用来表示对双方情况都很了解，才能战胜对方。可以只说"知己知彼"。例如：

（1）谈判高手在开始谈判以前都会详细了解对手的情况，知己知彼才能百战百胜嘛。

（2）篮球队在比赛前都会认真研究对手的情况，只有做到知己知彼，才能赢得比赛。

"知己知彼"现在常常被用在商业活动中，你还知道其他一些有用的计策吗？

学一学

……到家了

保罗先生对中国文化的了解真是到家了。

形容达到了一个相当高的水平或标准。例如：

(1) 这是一家五星级饭店，收费很高，但是对客人的服务也是到家了。

(2) 你修理电脑的技术到家了，任何问题只要你一动手，就全解决了。

练一练

1. 用"到家"改写下列句子：

(1) 大卫虽然只学了半年汉语，但是他的汉语说得很好，发音很标准。

(2) 北京全聚德烤鸭店的烤鸭非常好吃。

(3) 昨天的"汉语桥"演讲比赛上，玛丽的演讲非常流利，表演也非常出色。

2. 这段对话中，"市场"的前面用了一些不同的动词，如："进入市场"、"打入市场"等，请你把它们都找出来，并体会它们的异同。除了这些之外，你还能说出其他的用在"市场"前面的动词吗？

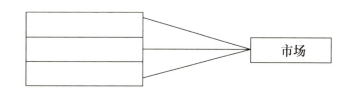

3. 用课文中出现的词语填空：

德国德欧宝家具用品有限公司与华强家具公司在进行价格_____。德欧宝因为华强的产品初次_____欧洲市场，希望获得更大的_____。可是华强对自己的产品很有信心，认为随着产品在市场上_____的提高，加上优良的质量，一定会成为_____产品。德欧宝公司表示愿意助他们_____。

4. 将可以搭配的词语用线连起来：

市场　　　　风险

广告　　　　让步

承担　　　　宣传

支付　　　　调查

做出　　　　关税

5. 你在一个旧车市场与商家就一辆二手车进行价格谈判。下面的情况会影响到最终的价格，请你和你的一个同学根据下面的提示进行对话练习。

6. 假设你要购买一套价值两百万的住房。请你根据需要，和售楼员协商付款方式。下面是一些你可能会用到的付款方式和词语。

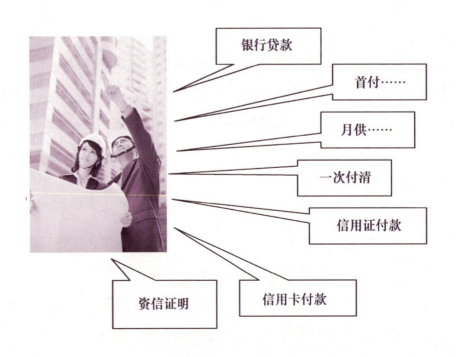

三、签订合同

如果贸易双方就报价达成意向后，买方企业就可以正式订货，并就一些相关事项与卖方企业进行协商，然后签订购货合同。在签订购货合同的时候，贸易双方要对商品名称、规格型号、数量、价格、包装、产地、装运期、付款条件、结算方式、索赔、仲裁等内容进行商谈，并将商谈后达成的协议写入购货合同中，盖上公司的公章后才能生效。购货合同要一式两份，双方各保存一份。

词语

1. 达成	dáchéng	动		reach（agreement）；conclude
2. 意向	yìxiàng	名		intention；purpose
3. 协商	xiéshāng	动		consult；negotiate
4. 结算方式	jiésuàn fāngshì			clearing form
5. 索赔	suǒpéi	动		claim indemnity；demand compensation
6. 仲裁	zhòngcái	动		arbitrate
7. 商谈	shāngtán	动		exchange view；confer；discuss；talk over；
8. 生效	shēng xiào			come into force；go into effect；become effective

学一学

就……

如果贸易双方就报价达成意向后，买方企业就可以正式订货。

"就"是介词，表示所涉及的对象或话题的范围。例如：

(1) 在记者招待会上，总经理就公司今后五年的发展规划回答了记者的提问。

(2) 与会厂家就如何进一步提高产品质量，扩大产品的市场份额进行了广泛而深入的讨论。

(3) 开学的第一堂课，老师对同学们提出了自己的要求和希望，并就同学们提出的问题进行了解答。

练一练

1. 根据下面方框中的提示用"就……"完成句子：

> (1) 空中小姐，紧急逃生，乘客，演示
>
> (2) 销售部和广告部，占有更多的市场份额，提高产品知名度，讨论
>
> (3) 人力资源部经理，尽快适应新的工作，新招聘来的大学生，作报告

2. 用课文中出现的词语填空：

(1) 这个问题很复杂，涉及方方面面的利益，不能一个人说了算，需要大家坐下来认真讨论，_____解决。

(2) 这种产品在国内市场还处于试销阶段，我们在签订_____合同时一定要慎重。

(3) 你的这个申请报告最好是_____，一份交给主管领导，一份自己保存。

(4) 经过近十个小时的_____，双方终于就如何赔偿损失达成了一致意见。

(5) 这份声明如果没有你的签字是无法_____的。

3. 请你和你的同学根据下面提示的产品和步骤，分组进行贸易谈判，并最终签订购货合同。

听一听

生词准备

1.	汗马功劳	hàn mǎ gōng láo	distinctions won in battle; one's contributions in work
2.	迎刃而解	yíng rèn ér jiě	splits off as it meets the edge of knife without effort; be easily solved; solve (overcome difficulties) with the greatest ease
3.	轻重缓急	qīng zhòng huǎn jí	order of priority; order of importance and emergency

下面是一段有关贸易谈判的文章，请听后回答下列问题：

1. 听力材料中提到的"双赢"指的是什么？
2. 在谈判中除了要有强硬的态度之外，还需要有什么？
3. 中国加入世贸组织的谈判中什么是最关键的？
4. 从这篇文章中你可以学到什么？

第四单元　运输保险

一、货物包装

包装在整个贸易流程中的作用十分重要，它能够保护商品，便于运输、储存、分配、销售和消费。包装也是增加商品附加值和扩大销售的一种手段。在进出口贸易中，货物主要以海洋运输为主。海运的特点是运输时间长、气候变化大，因此商品包装必须根据不同商品的特点进行科学管理，而且必须适宜长途运输。

词语

1.	包装	bāozhuāng	名	packing
2.	流程	liúchéng	名	procedure；technological process
3.	储存	chǔcún	动	store up；stockpile
4.	分配	fēnpèi	动	distribute；allocate；assign
5.	销售	xiāoshòu	动	sell；market
6.	附加值	fùjiāzhí	名	additional value
7.	手段	shǒuduàn	名	means；medium；measure；method
8.	适宜	shìyí	动	suitable；fit；appropriate；proper

第四单元 运输保险

你知道吗?

中国有一句俗话叫"人要衣装,佛要金装"。其字面意思是说一个人需要通过着装来体现自己的价值,而一尊佛像则需要在它的表面镀上一层金才能使它显得庄严神圣。这句俗语的意思是,外表虽然只是很小的一个方面,但却往往是最直接也是最关键的。例如:

(1) 明天要去面试,你应该赶快去买一套西服。"人要衣装,佛要金装"嘛,还是应该打扮一下。

(2) 中国现在很多商品都存在过度包装的问题,虽然说"人要衣装,佛要金装",但是凡事都要有个度,否则就是浪费。

学一学

1. 便于

它能够保护商品,便于运输、储存、分配、销售和消费。

"便于"是动词,意思是比较容易做某件事情。例如:

(1) 这种图书分类方法非常科学,它便于读者查找所需的图书。

(2) 为了便于消费者对该厂生产的汽车有更全面的了解,销售商采取了各种促销手段,其中包括免费试驾活动。

2. 以……为主

在进出口贸易中,货物主要以海洋运输为主。

"以……为主"表示某个方面或某些事情是主要内容。例如:

(1) 嘉能集团主要以生产和销售医疗器械产品为主,近年来,他们也开始涉足房地产业了。

(2) 华强企业不反对引进国外的先进技术,但他们更强调一个企业应该以自主创新为主。

练一练

1. 用"人要衣装，佛要金装"改写下面的句子：

> （1）广告公司需要对一个歌星的唱片进行特别包装。
>
> （2）大学毕业生在找工作的时候需要对自己的简历进行精心设计。

2. 根据下面的提示，用"便于……"完成对话：

:	:
（1）你为什么把茶叶放在冰箱里？	储藏，存放的时间长，一年以上
（2）你们的教室里为什么都贴满了汉字？	营造中国文化的氛围，学生，记忆
（3）你们学校是如何管理学生的？	管理，穿校服，住校，严格规定作息时间

3. 根据下面的提示，用"以……为主"完成对话：

:	:
（1）请问，你们饭店的菜都有哪些特色？	四川菜，特点是麻辣，兼营小吃
（2）你这个班的学生主要是哪些国家的？	日本和韩国，少数学生来自美国
（3）你知道奇瑞集团吗？	家用轿车，汽车制造企业，中国自主品牌

4. 用课文中出现的词语填空：

商品的_____在运输、_____、分配、_____和消费的过程中十分重要。它不仅能够增加商品的_____，还可以扩大销售量。在国际贸易中，商品主要是以海洋_____为主。其特点是运输时间长，气候变化大。因此，在包装商品的时候，除了要考虑各种商品的不同特点之外，也要注意商品的包装必须_____海运。

5. 在上面这段文字中，出现了"增加"和"扩大"这两个词，它们的意思差不多，但有区别，请你查一查字典，体会一下它们的异同，然后将下面两组中相对应的词连起来。

增加　　　　　再生产
　　　　　　　眼界
　　　　　　　影响
　　　　　　　产量
　　　　　　　居住面积
　　　　　　　知识面
　　　　　　　收入
扩大　　　　　抵抗力
　　　　　　　销售品种

6. 用括号中的词语完成对话：

(1) A：贵公司为何将每一位员工的个人信息都输入电脑？

B：_____（便于）

(2) A：今年的销售额已经定下来了，我们部门应该讨论一下该如何完成这一任务。

B：_____（分配）

(3) A：这盒巧克力为什么这么贵？

B：_____（附加值）

(4) A：贵公司主要生产什么类型的汽车？

B：_____（以……为主）

(5) A：请问上海这个城市的居住环境怎么样？

B：_____（适宜）

7. 请你和你的同学根据提示，就茶叶包装设计完成一段对话：

8. 圣诞节快到了,你需要购买一些礼物。下面是几种食品,它们因为包装不同而价格不同,请你和同学讨论一下,决定购买哪几种食品作礼物。

散装,超市塑料盒包装,精美食品,价廉物美,每500克19.99元。

糕点,铁盒包装,内配有高级葡萄酒和镀金开瓶器,每盒1680元。

礼品纸袋,内装特色食品8种,价格为每袋160元。

特色食品,内包装为真空包装,外包装为装饰华丽的手工艺木盒,500克装,每盒200元。

情人节巧克力,精美铁盒包装,内有手表一块,999元。

二、货物运输

（大卫结束了在中国做首席代表的工作。他需要把家搬回纽约。下面是他和搬家公司王军的一段对话。）

大　卫：我要把家搬到纽约去，请你们帮我把家具、书籍、衣物什么的包装好。然后我找运输公司托运。

王　军：我们提供包装、运输、保险、报关一条龙服务。你只需要告诉我们哪些东西需要搬到纽约去，告诉我们货物运送的地址，剩下的事就都交给我们办好了。

大　卫：是吗？那真是太方便了。我需要给你们买包装材料吗？

王　军：不用。从各种防震防压的泡沫塑料，到各种尺寸的纸盒木箱，我们一应俱全，样样都有。

大　卫：你们想得那么周到，服务真是到家了。

王　军：顾客就是我们的上帝。您满意了，我们也就满意了。

词语

1. 托运	tuōyùn	动	consign for shipment；check
2. 一条龙服务	yītiáolóng fúwù		conglomerate service；coordinated service
3. 防震	fángzhèn	动	shockproof；quakeproof
4. 泡沫塑料	pàomò sùliào		polystyrene；foamed plastic
5. 一应俱全	yìyīng jùquán		goods are available in all varieties；complete with everything；everything needed is supplied
6. 顾客	gùkè	名	customer；client

学一学

一条龙服务

我们提供包装、运输、保险、报关一条龙服务。

"一条龙服务"的意思是从事情的开始到结尾,一切都由别人为你做好。例如:

(1) 新学期开始,各系高年级的同学组成了志愿者服务队,为新同学提供接车、报到、安排住宿和参观校园等一条龙服务,使新同学很快消除了陌生感。

(2) 旅行社将为游客提供订票、订旅馆、安排导游、市内交通等一条龙服务。

练一练

1. 下面的提示是你在日常生活和工作中可能希望得到的"一条龙服务"。请你根据提示,用"一条龙服务"完成句子。除此之外,请你再想一两个需要一条龙服务的场景,然后完成句子。

(1) 装修公司,房屋的装修设计,装修材料的选购,房屋的装修

(2) 货代公司,运输,订舱,商检,报关

(3)

(4)

2. 用课文中出现的词语填空:

大卫要回纽约了,他现在需要请搬家公司帮他_____家具、书籍和衣物等,以便他找运输公司将这些物品_____到纽约。搬家公司的王军告诉大卫说他们可以提供包装、运输、_____和报关的_____服务,甚至连各种包装材料,如防震防压的_____和木箱纸盒都_____,应有尽有。大卫非常高兴,认为他们的服务非常周到,简直就是服务_____。

3. 下面方框中是常用的有关包装运输方面的词语,有的是关于包装材料的,有的是对货物的包装运输的要求的,还有的是运输过程中出现的问题的,等等,请你根据用途、性质等把它们归类:

duǎnquē	fáng yǔ fáng cháo	fángzhèn	yìsuì	shòusǔn	shòucháo	xiǎoxīn	qīngfàng
短缺	防雨防潮	防震	易碎	受损	受潮	小心	轻放
yǒu dú	luǒzhuāng	pòsǔn	xiāngzhuāng	fāméi	biànxíng	zhǐxiāng	shòuzì
有毒	裸装	破损	箱装	发霉	变形	纸箱	受渍
cǐchù xiàngshàng	nèizhuāng cáiliào	yìrán	chèndiàn	wùliào	sǎnzhuāng	cánsǔn	
此处 向上	内装 材料	易燃	衬垫	物料	散装	残损	
fángxiù	mùxiāng	bǎntiáoxiāng	bù kě dàozhì	jízhuāngxiāng			
防锈	木箱	板条箱	不可倒置	集装箱			

4. 说明下列物品适合用什么材料包装。

dà sùliàodài	pàomò sùliào	jiāodài	pàomò sùliào	tiánchōngwù	zhǐxiāng	mùxiāng
大塑料袋	泡沫 塑料	胶带	泡沫 塑料	填充物	纸箱	木箱
jízhuāngxiāng	biāoqiān	yīfu	chuáng shàng yòngpǐn	shūjí	zhuāngshìwù	
集装箱	标签	衣服	床上 用品	书籍	装饰物	
bōli zhìpǐn	yìngmù jiājù	diànshìjī	yīnxiǎng	chúfáng yòngpǐn		
玻璃制品	硬木 家具	电视机	音响	厨房用品		

5. 假设鸿运公司有一批新鲜三文鱼需要出口到日本。请你根据下面的提示，以及你对食品包装的了解，告诉食品加工厂你对这批三文鱼的包装要求，对运输过程中的温度等要求。

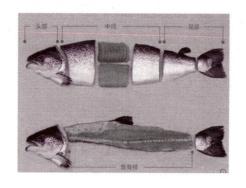

三、财产保险

(在中国人民保险公司营业厅)

张建国: 你好。我是鸿运货运公司的。我们公司下个月有一批货要运到法国去,我想咨询一下该如何投保。

营业员: 请问贵公司这批货物的运输方式是什么?

张建国: 海运。

营业员: 那你就需要购买海洋货物运输保险。

张建国: 该保险都包括哪些险种?

营业员: 海洋货物运输保险的险种有平安险、水渍险和一切险。

张建国: 平安险主要负责赔偿什么?

营业员: 平安险主要赔偿海啸、地震、洪水等自然灾害和触礁、沉没、爆炸等意外事故造成的损失。

张建国: 一切险应该负责赔偿所有的损失了吧?

营业员: 不是所有的损失。企业还应该根据需要,购买其他附加险,如受热受潮险、包装破裂险等。

张建国: 好。谢谢您。

第四单元　运输保险

词语

1. 咨询	zīxún	动		seek advice from；consult
2. 投保	tóu bǎo			insure；cover；effect insurance
3. 保险	bǎoxiǎn	名		insurance
4. 险种	xiǎnzhǒng	名		coverage
5. 水渍险	shuǐzìxiǎn	名		with particular average
6. 赔偿	péicháng	动		compensate for
7. 海啸	hǎixiào	名		tsunami
8. 自然灾害	zìrán zāihài			natural disasters
9. 触礁	chù jiāo			run on rocks；strike a rock
10. 沉没	chénmò	动		sink
11. 爆炸	bàozhà	动		explode；blast；bomb
12. 意外事故	yìwài shìgù			unforeseen event or circumstance；an accident
13. 受潮	shòu cháo			be affected by damp；become damp
14. 破裂	pòliè	动		break；split；crack

练一练

1. 用课文中出现的词语填空：

企业在办理外贸货物运输过程中需要对其货物_____。海运货物保险的_____有平安险、水渍险和_____。平安险主要负责_____被保险货物遭受海啸、地震、洪水等_____和运输工具触礁、_____、_____等_____造成的损失。一切险除包括平安险和_____的各项责任外，还负责被保险货物在运输途中由于外来原因所致的损失。通常被保险人只需选择一种投保，不过，企业还可以根据需要购买其他的附加险，如受热_____险、包装_____险等。

49

2. 根据下面的图示，说一说在日常生活中需要购买哪些保险，你知道这些保险负责赔偿的范围是什么吗？

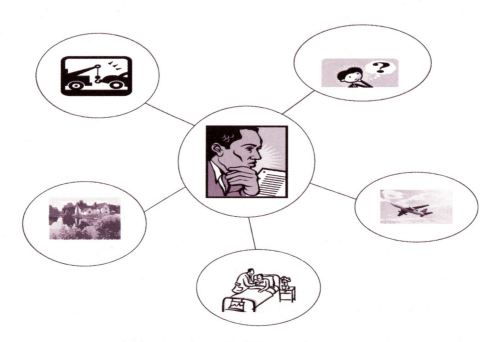

3. 假设你购买了一套公寓，现在需要为你的家庭财产投保。请你和你的一个同学根据提示，就如何购买家庭财产保险进行对话练习：

险种	保险责任	责任免除
家庭财产综合保险	（1）房屋及室内附属设备，如暖气、管道煤气、供电、供水设备等。 （2）家用电器和文体娱乐用品。 （3）家具及其他生活用具。	（1）金印、珠宝、首饰、古玩、艺术品等。 （2）货币、有价证券、书籍、资料、电脑软件等。 （3）日用消耗品、各种交通工具等。

4. 下面方框中的"保"和"险"可以组成很多新词，请根据提示，看看你能组多少新词，比如：水渍险、投保……

第四单元　运输保险

水渍，投，卖，一切，种，平安，费，赔偿，人，公司，承，买

		投保			水	渍	险		

5. 下面是保险领域的常用词语，你知道它们的意思吗？请用线将相对应的中英文词语连起来：

保险索赔　　　　　war risk

附加保险　　　　　additional insurance

投保人　　　　　　insurance claim

综合险　　　　　　free from particular average（F.P.A.）

空运险　　　　　　air risk

战争险　　　　　　insured

一切险　　　　　　comprehensive insurance

被保险人　　　　　insurer

保险人　　　　　　insurance applicant

平安险　　　　　　all risk

听一听

生词准备

| 1. 屏障 | píngzhàng | 名 | protect screen |
| 2. 巨头 | jùtóu | 名 | magnate |

3. 扩张	kuòzhāng	动	expand; aggrandize; extend; enlarge
4. 垄断	lǒngduàn	动	monopolize
5. 折损	zhésǔn	动	depreciate and lose
6. 滚装船	gǔnzhuāngchuán	名	roll-on-roll-off ship
7. 侧面	cèmiàn	名	side; sideview; sideways; profile
8. 物流	wùliú	名	logistics
9. 滞后	zhìhòu	形	lag; delay
10. 零散	língsǎn	形	scattered
11. 掌控	zhǎngkòng	动	be in charge of; be under the control of
12. 饱受歧视	bǎoshòu qíshì		suffer discrimination to the fullest extent

1. 听后回答下列问题：

（1）制约中国自主品牌汽车走向海外市场的主要原因是什么？

（2）为什么中国海运企业没有发展自己的滚装船远洋运输？

（3）目前中国整车出口的运输业务主要由哪些企业在掌控？

2. 你刚才听到的这篇文章中认为制约中国自主品牌汽车向海外发展的主要障碍是运输。你同意吗？请你先做一番调查，然后和你的同学讨论一下中国自主品牌汽车向海外扩张的主要障碍在哪里，应该如何克服。

第五单元　争端与仲裁

一、争　端

（鼎盛集团从某国进口了一批乳制品原料。货物抵达后，鼎盛集团发现有部分物品受潮霉变。下面是鼎盛集团业务部的张经理和哈里斯先生的一段对话：）

张经理： 您好，请问是哈里斯先生吗？

哈里斯： 是我。请问您是哪位？

张经理： 我是鼎盛集团的张经理。我们两个月前从贵公司进口的20吨乳制品原料上周到港。在报关检验的时候，发现有部分货物受潮霉变。我们希望贵公司能够按照合同的规定进行理赔。

哈里斯： 是吗？能具体告诉我大约有多少吨货物霉变吗？

张经理： 大约有4吨。

哈里斯： 您觉得是什么原因导致货物霉变的？我们给货物投保了，可以请保险公司进行理赔。

张经理： 可能是在海上遇到了风暴，外加内包装不合格，导致部分货物受潮霉变。

哈里斯： 是吗？请你们先通知保险公司，以便我们以后商议保险理赔事宜。如果是我们的责任，我们一定按照规定进行赔偿。

张经理： 好。哈里斯先生真是爽快的人。

哈里斯： 张经理过奖了。做生意吗，最要紧的就是诚信，该谁的责任就是谁的责任。

词语

1. 抵达	dǐdá	动		arrive；reach
2. 霉变	méibiàn	动		go mouldy
3. 理赔	lǐpéi	动		settle claim
4. 导致	dǎozhì	动		lead to；bring about；result in；cause
5. 外加	wàijiā	动		plus
6. 商议	shāngyì	动		confer；discuss
7. 事宜	shìyí	名		matters concerned
8. 爽快	shuǎngkuài	形		straightforward；outright
9. 过奖	guòjiǎng	动		overpraise；underserved compliment
10. 诚信	chéngxìn	名		honesty

你知道吗？

中国人在谈及自己的时候，或者是听到别人赞扬自己的时候，多习惯于表示谦虚。例如本课对话中的"过奖了"。除此之外，你还可以听到"哪里，哪里"、"敝人"、"寒舍"等谦辞。例如：

(1) 欢迎大家。你们的到来使寒舍顿时蓬荜生辉。

(2) 敝人能有机会受邀参加如此盛会，不胜荣幸。

你知道在日常工作和生活中，哪些场合还有可能用到类似的谦辞？请你说出一两个可以用到谦辞的句子。

学一学

> **以便**
>
> 请你们先通知保险公司，以便我们以后商议保险理赔事宜。

"以便"是连词，用在下半句的开头，表示使下文所说的目的容易实现。例如：

（1）组织方将有关参赛的要求和报名方法等都公布在网上，以便有兴趣参加比赛的选手随时上网查阅信息。

（2）学院为前来参加培训的学员组织了丰富多彩的文化活动，以便他们对中国文化有更加深入的了解。

练一练

1. 用"以便"改写下面的句子：

（1）为了让北京的天更蓝，环境更美好，市政府拆迁、关停了许多污染严重的工厂。

（2）查理为了说一口地道的北京话，专门找了一位老师学说相声。

2. 用课文中出现的词语填空：

鼎盛集团从国外进口了20吨乳制品原料，货物上周_____口在报关_____的时候，发现有的货物已经_____了。鼎盛公司立即与国外出口商进行交涉。出口商哈里斯先生非常_____地答应将按照合同规定进行_____，但同时要求进口商立即通知_____公司，以便今后商议保险理赔_____。

3. 用"商"组词：

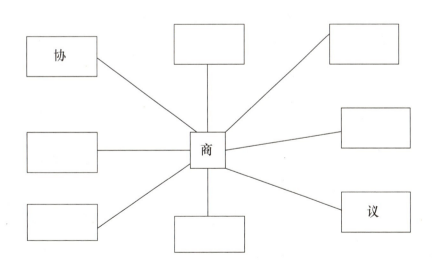

4. 用括号中的词语完成对话：

(1) A：英国商务考察团什么时候到首都机场？

B：＿＿＿＿＿＿＿＿＿＿＿＿＿＿＿＿＿＿＿＿＿＿（抵达）

(2) A：调查结果显示这次事故的原因是什么了吗？

B：＿＿＿＿＿＿＿＿＿＿＿＿＿＿＿＿＿＿＿＿＿＿（导致）

(3) A：这款汽车现在的售价是多少？

B：＿＿＿＿＿＿＿＿＿＿＿＿＿＿＿＿＿＿＿＿＿＿（外加）

(4) A：今天下午董事会的内容是什么？

B：＿＿＿＿＿＿＿＿＿＿＿＿＿＿＿＿＿＿＿＿＿＿（事宜）

(5) A：马克，你到中国才半年，汉语就说得那么好，真不简单。

B：＿＿＿＿＿＿＿＿＿＿＿＿＿＿＿＿＿＿＿＿＿＿（过奖）

5. 将可以搭配的词语用线连起来：

按照　　　　　赔偿

导致　　　　　事宜

进行　　　　　合格

商议　　　　　规定

包装　　　　　霉变

6. 假设你在商店购买了一台摄像机，用过一段时间以后出现了问题，你现在需要和商店进行交涉。请你和你的两个同学分别扮演售货员和调解人。在交涉过程中，你可能会遇到一些麻烦，但最终你的问题得到了解决。下面的图示可能会对你有帮助：

7. 假设你是进口商。你去码头提货时发现部分货物外包装破损。破损的原因可能是包装不良，也可能是装卸所致，或者是运输过程中遇到自然灾害。你需要就此与各方进行交涉。请你和你的同学们根据需要，分别扮演不同的角色，进行对话练习。下面这些词语可能会对你们有帮助。

> 索赔，轮船公司，卖方，保险公司，不符，受损，提单，残缺，过失，自然灾害，意外事故，提供证据，索赔清单，检验证书，发票，装箱单，索赔金额

二、仲　裁

在国际贸易中，贸易双方在履约过程中有可能发生争议。由于买卖双方之间的关系是一种平等互利的合作关系，所以一旦发生争议，首先应通过友好协商的方式解决，以利于保护商业秘密和企业声誉。如果协商不成，当事人可按照合同约定或争议的具体情况采用调解、仲裁或诉讼的方式解决。

词语

1. 履约　　lǚyuē　　动　　hornour an agreement; keep an appointment

2. 争议	zhēngyì	名	dispute；controversy
3. 友好	yǒuhǎo	形	friendly；amicable
4. 声誉	shēngyù	名	reputation；fame；prestige
5. 当事人	dāngshìrén	名	person concerned；litigant
6. 约定	yuēdìng	名	agreement；convention
7. 调解	tiáojiě	动	mediate；arbitrate；make peace
8. 仲裁	zhòngcái	动	arbitrate；judge
9. 诉讼	sùsòng	名	lawsuit；litigation；legal action

学一学

> **以利于**
>
> 以利于保护商业秘密和企业声誉。

"以利于"表示目的，有"对……有好处"，"便于……"的意思。例如：

(1) 他每个周末都去爬香山，以利于身体健康。

(2) 许多博物馆都不许游人拍照，以利于保护展品。

练一练

1. 根据下列方框中的提示，用"以利于"完成句子：

> (1) 客户服务热线，了解客户对产品的满意度
>
> (2) 图书馆，写论文，查找资料
>
> (3) 同屋，中国人，学习中文

2. 用课文中出现的词语填空：

(1) 在国际贸易中，合同双方常常会因为这样或那样的原因发生_____。

(2) 在履约过程中，_____发生争议，就应通过友好_____的方式解决。

(3) 贸易双方在发生贸易争端以后，如果协商不成，_____可按照合同约定或争议的具体情况采用调解、仲裁或诉讼的方式解决。

3. 假设你是房地产开发商，一个购房者拿到钥匙以后，投诉说房屋质量有问题，要退房。你们的争端无法协商解决，现在需要由法官判决。请你和你的两位同学分别扮演消费者和开发商以及法官。下面的一些提示可能会对你们有帮助。

消费者要求退房的理由：房屋漏水；房屋配件，如门窗等质量不合格；房屋与设计图纸不同；房屋面积缩水。

开发商拒绝退房的理由：消费者要退房的真正理由是因为现在房地产市场不景气，房价在下跌，但购房合同早已签订；开发商愿意就房屋质量出现的问题进行修正。

读一读

下面是仲裁程序，请你仔细阅读并回答问题：

首先，提出仲裁申请。中国国际经济贸易仲裁委员会仲裁规定：当事人一方申请仲裁时，应向该委员会提交包括下列内容的签名申请书：申诉人和被诉人的名称、地址；申诉人所依据的仲裁协议；申诉人的要求及所依据的事实和证据。

其次，组织仲裁庭。根据中国仲裁规则规定，申诉人和被申诉人各自在仲裁委员会仲裁员名册中指定一名仲裁员，并由仲裁委员会主席指定一名仲裁员为首席仲裁员，共同组成仲裁庭审理案件；双方当事人亦可在仲裁委员名册中共同指定或委托仲裁委员会主席指定一名仲裁员为独任仲裁员，成立仲裁庭，单独审理案件。

再次，审理案件。仲裁庭审理案件的形式有两种：一是不开庭审理，这种审理一般是经当事人申请，或由仲裁庭征得双方当事人同意，只依据书面文件进行审理并做出裁决；二是开庭审理，这种审理按照仲裁规则的规定，一般采取不公开审理。

最后，作出裁决。裁决作出后，审理案件的程序即告终结。仲裁裁决除由于调解达成和解而作出的裁决书外，应说明裁决所依据的理由，并写明裁决是终局及作出裁决书的日期、地点，以及仲裁员的署名等。

当事人对于仲裁裁决书，应依照其中所规定的时间自动履行，裁决书未规定期限的，应立即履行。一方当事人不履行的，另一方当事人可以根据中国法律的规定，向中国法院申请执行，或根据有关国际公约中国缔结或参加的其他国际条约的规定办理。

词语

1.	申诉人	shēnsùrén	名	claimant；plaintiff
2.	被诉人	bèisùrén	名	defendant；respondent
3.	依据	yījù	名	basis；foundation
4.	名册	míngcè	名	register；roll
5.	指定	zhǐdìng	动	appoint；assign
6.	首席	shǒuxí	形	chief
7.	亦	yì	连	also；too
8.	单独	dāndú	副	single；only；sole
9.	审理	shěnlǐ	动	try；hear
10.	开庭	kāi tíng		open a court session；call the court to order；hold a court
11.	裁决	cáijué	动	make a ruling；judge；decide；rule
12.	和解	héjiě	动	compromise；conciliate
13.	终局	zhōngjú	名	end；outcome
14.	署名	shǔ míng		sign；put one's signature to；sign one's name
15.	履行	lǚxíng	动	perform；fulfil；carry out
16.	缔结	dìjié	动	conclude；establish

1.读后回答下列问题：

（1）当在中国发生贸易纠纷时，如果一方当事人要申请仲裁，需要向中国国际经济贸易仲裁委员会提交哪些材料？

（2）仲裁庭是如何构成的？

（3）仲裁庭通常有几种审理案件的形式？它们分别是什么？

（4）仲裁程序中最后一个环节是什么？

（5）如果一方当事人不履行仲裁裁决书，另一方当事人应该怎么办？

2. 请将仲裁程序简要地填入下面的表格中：

第一，
第二，
第三，
第四，

三、倾销与反倾销

2001年12月11日，中国正式成为世界贸易组织成员后，相关产业开始直面国际市场。这些产业在获得难得的发展机遇的同时，也肩负着双重压力：中国的出口产品受到进口国反倾销调查和征收反倾销税的案件数量逐年增多；中国许多产业在国内市场面临或受到进口产品倾销的冲击。而这严峻的现实近来有愈演愈烈之势。如何处理国内产业对倾销进口产品提出的反倾销申诉调查和应对国外对中国出口产品开展的反倾销调查，防止和减轻由于倾销和反倾销带来的损害，成为中国产业界目前面临的重大而紧迫的课题。根据国际经验，熟悉和掌握世贸组织反倾销规则，学会运用国际通行规则保护自身的合法权益是破解这一课题的首要环节。

词语

1.	倾销	qīngxiāo	动	dump
2.	反倾销	fǎnqīngxiāo	动	anti-dumping
3.	相关	xiāngguān	动	be interrelated；be related to
4.	直面	zhímiàn	动	face；confront
5.	机遇	jīyù	名	opportunity；favourable circumstance
6.	肩负	jiānfù	动	take on；undertake；shoulder；bear
7.	双重	shuāngchóng	形	double；dual
8.	征收	zhēngshōu	动	levy；collect；impose
9.	案件	ànjiàn	名	law case；legal case
10.	逐年	zhúnián	副	year by year；year after year；with each passig year
11.	冲击	chōngjī	动	shock；dash
12.	严峻	yánjùn	形	stern；severe；grim
13.	愈演愈烈	yù yǎn yù liè		become increasingly intencc
14.	申诉	shēnsù	动	appeal；complain
15.	应对	yìngduì	动	reply；answer
16.	防止	fángzhǐ	动	prevent；guard against
17.	紧迫	jǐnpò	形	urgent；pressing；imminent
18.	通行	tōngxíng	动	current；general
19.	破解	pòjiě	动	solve

答一答

请根据上面文章的内容，回答下列问题：

（1）中国于何年何月何日加入世界贸易组织？

（2）加入世界贸易组织后，对中国的企业有哪些利弊？

(3) 中国企业目前迫切需要解决的问题是什么？

(4) 中国企业怎样做才能解决所面临的难题？

练一练

1. 用课文中出现的词语填空：

(1) 这次经济危机从美国华尔街开始，＿＿＿＿＿＿＿，已经波及了世界许多国家。中国政府做好了＿＿＿＿＿＿经济危机的准备。

(2) 随着中国经济的快速发展，国际上越来越多的人开始学习中文，来华留学人数呈＿＿＿＿＿＿上升趋势。

(3) 在国外进口彩电的＿＿＿＿＿＿下，国内一些彩电生产企业面临着倒闭的危险。如何降低生产成本，提高产品的科技含量以及产品质量，是所有彩电生产企业需要＿＿＿＿＿＿的一个课题。

(4) 受国外倾销产品的影响，国内的生产受到严重影响。许多企业已经联合起来，准备向有关机构提出＿＿＿＿＿＿。

2. 用括号中的词语完成对话：

(1) A：请你向董事会报告一下你明年的目标。

B：＿＿＿＿＿＿＿＿＿＿＿＿＿＿＿＿＿＿＿＿＿（在……同时，也……）

(2) A：中国政府最近出台了一系列利好的经济政策。

B：＿＿＿＿＿＿＿＿＿＿＿＿＿＿＿＿＿＿＿＿＿（机遇）

(3) A：贵公司近年来的产品销售情况如何？

B：＿＿＿＿＿＿＿＿＿＿＿＿＿＿＿＿＿＿＿＿＿（逐年）

(4) A：世界经济风云变幻，我们应该时刻保持高度警惕。

B：＿＿＿＿＿＿＿＿＿＿＿＿＿＿＿＿＿＿＿＿＿（应对）

(5) A：如果消费者购买的产品出现了质量问题，你们通常会怎么处理？

B：＿＿＿＿＿＿＿＿＿＿＿＿＿＿＿＿＿＿＿＿＿（通行）

3. 把下面可以搭配的词语用线连起来：

肩负　　　　　　规则

减轻　　　　　　调查

掌握　　　　　　冲击

开展　　　　　　压力

面临　　　　　　损害

听一听

下面是一段有关倾销与反倾销的文字材料，请听后回答下列问题：

1. 入世后，中国企业将面临什么问题？

2. 哪些中国产品被迫退出国际市场？

3. 哪几国的丙烯酸酯企业在中国有倾销行为？

4. 中国对上述企业进口到中国的产品征收了多少反倾销税？

5. 其他国家进口到中国的丙烯酸酯平均价格为每吨多少美元？

第六单元　海关商检

一、在海关

（在首都国际机场海关）

海关官员： 您好。请出示您的护照和入境申报表。
德里克： 您好。给您，这是我的护照和入境申报表。
海关官员： 您是否携带了被禁止或受限制的物品？
德里克： 没有。
海关官员： 是否将超过个人允许携带限额的酒精饮料和烟草产品带入中国？
德里克： 哎呀，我带了5瓶酒，5条香烟。
海关官员： 这可不行，是违法的。您过来。到这儿来开箱检查。
德里克： 那可怎么办？我已经带来了。
海关官员： 有两种选择，对超过限额的烟酒要么没收，要么罚款。
德里克： 算了，我不要了，你们拿去吧。

词语

1. 出示	chūshì	动	show; produce
2. 携带	xiédài	动	carry; bring; take along

3. 禁止	jìnzhǐ	动	prohibit；ban；forbid
4. 限制	xiànzhì	动	astrict；restrict；limit；confine
5. 限额	xiàn'é	名	norm；limit；quota
6. 酒精	jiǔjīng	名	alcohol
7. 烟草	yāncǎo	名	tobacco
8. 违法	wéi fǎ		break the law；be illegal
9. 开箱	kāi xiāng		unpack
10. 检查	jiǎnchá	动	check up；inspect；examine
11. 选择	xuǎnzé	动	select；choose
12. 没收	mòshōu	动	confiscate；expropriate
13. 罚款	fá kuǎn		fine；forfeit；penalty

你知道吗？

　　经过15年的不懈努力和艰苦谈判，中国于2001年11月11日加入世界贸易组织。自加入世贸组织以来，中国经济保持了平稳、强劲的增长势头，已成为世界第二大经济体，在全球贸易总量中的比重从2001年的3.9%提高到目前的近10%，成为世界第二大贸易国。中国认真遵守世贸组织规则，切实履行各项义务和承诺，大幅降低进口关税，平均关税从2001年的15.3%降到了2010年的9.8%，其中工业品平均税率降至8.9%，农产品平均税率降至15.2%，取消非关税措施，开放了100个服务贸易部门，成为世界最为开放的市场之一。

学一学

1. 出示

请出示您的护照和入境申报表。

"出示"表示拿出来给别人看的意思。例如：

(1) 裁判向犯规的球员出示了黄牌。

(2) 去电影院看电影的时候，观众都必须在检票口出示电影票。

(3) 在招聘会上，前来应聘的大学生们纷纷向用人单位出示自己的简历。

2. 要么……要么……

有两种选择，要么没收，要么罚款。

"要么……要么……"的意思是两个选择中非此即彼。例如：

(1) 她每次一放假就离开学校，要么去全国各地旅行，要么回家和父母团圆。

(2) 既然得了病，就得治疗。要么吃药，要么打针，你选择吧。

(3) 这个周末我们要么去逛街，要么去看电影，反正不呆在家里。

练一练

1. 根据下面方框中的提示用"出示"完成句子：

| (1) 警察，证件，嫌疑人，家，搜查 |
| (2) 参展商，产品说明书，参观者 |
| (3) 老师，学生，介绍各种课程，与之配套的教材 |

2. 根据下面方框中的提示完成对话：

甲：

| (1) 你大学毕业后准备找什么样的工作？ |
| (2) 这批货物应该通过什么方式运送？ |
| (3) 总经理昨天向董事长递交了辞职信，董事会应该怎么办？ |

乙：

| 留校当老师，去政府机关当公务员 |
| 海运，价格便宜，时间长，空运，价格贵，快捷，各有利弊 |
| 接受辞呈，设法挽留并满足他的条件 |

3. 用课文中出现的词语填空：

在首都国际机场，海关官员请德里克_____护照和入境申报表，并询问他是否_____了违法违禁的物品。德里克没有携带任何被_____或受_____的物品，但是他携带的酒和香烟却超过了_____。海关官员要对他进行开箱_____，并告诉他多带的烟酒要么被_____，要么被罚款。德里克不愿意被罚款，他同意让海关官员没收他多带的烟酒。

4. 用括号中的词语完成对话：

(1) A：请问，这是去上海的火车吗？

　　B：_____（出示）

(2) A：在中国乘火车时，安检也非常严格。

　　B：_____（携带）

(3) A：我们可以去这个实验室参观一下吗？

　　B：_____（禁止）

(4) A：你知道他为什么被警察抓起来了吗？

　　B：_____（违法）

(5) A：在北京开车，如果超速了会怎么样？

　　B：_____（罚款）

5. 下面是某国际机场的一个场景，你在过海关检查的时候常常会遇到。请两个同学一组，一个扮演海关官员，一个扮演旅客，根据图中提示，进行对话练习。

6. 选词填空：

> 手续　海关　动植物检疫证书　证件

报关是指货物、行李和邮递物品、运输工具等在进出关境或国境时由所有人或其代理人向_____申报，交验规定的单据、_____，请求海关办理进出口的有关_____。

中国海关规定报关时应交纳的单据、证件有：进出口货物报关单、进出口货物许可证、商品检验证书、_____、食品卫生检验证书以及提货单、装货单、运单、发票、装箱单等。

7. 下面是一份入境申报表上的一些内容，请你根据提示回答问题：

:	:
（1）在过去的30天内，您在新西兰境外时是否曾经去过屠宰场、农场或肉类包装厂？	屠宰场
（2）您是否将动物或动物制品，包括肉类、蜂蜜、羽毛、皮毛、蛋类、乳制品或养殖及生物制品带入新西兰？	羽毛、肉类

二、商　检

（在商检局大厅）

张　　建：您好。我是鸿运公司的，请问一下我们上周五提交的检验申请是否通过了？

商检局官员：鸿运公司送检的那批货有问题。我们正要通知你们呢。

张　　建：是吗？什么问题？

商检局官员：你们送检的货物是一批进口服装。我们抽检时发现，这批服装的实际成分与标识不符。

张　　建：不可能。我们这次进口的这批服装都是世界知名品牌，怎么可能有质量问题呢？

商检局官员：问题不仅如此，这批所谓名牌产品的面料中所含的甲醛也严重超标。这可是我国明令禁止的。

张　　建：怎么会这样？看来我们是上当了。那我们现在该怎么处理？

商检局官员：现在你们这批货物是不可能入关了。我想，您别无选择，只有退货。

第六单元 海关商检

词语

1. 商检局	shāngjiǎnjú	名	commodity inspection and testing bureau
2. 检验	jiǎnyàn	动	checkout；test；examine；inspect
3. 成分	chéngfèn	名	composition；component part；ingredient
4. 标识	biāozhì	名	identification；identifying
5. 知名品牌	zhīmíng pǐnpái		famous brand
6. 所谓	suǒwèi	形	what is called；so-called
7. 面料	miànliào	名	surface cloth or material
8. 甲醛	jiǎquán	名	formaldehyde
9. 超标	chāo biāo		overproof
10. 明令禁止	mínglìng jìnzhǐ		prohibited by official order
11. 别无选择	bié wú xuǎnzé		have no other choice but；there is no other ways
12. 退货	tuì huò		cancel the order；return the goods

学一学

1. 不仅如此

问题不仅如此，这批所谓名牌产品中所含的甲醛也严重超标。

"不仅如此"表示的意思是除了这个之外，还有其他的。例如：

（1）鸿运公司最近从日本进口的一批货物到港后发现外包装破损，不仅如此，该批货中有一部分与合同上标注的不符。

（2）小张这学期取得了全优的好成绩，不仅如此，他还获得了减免学费的奖励。

（3）他昨天晚上和同学们一起去了天安门，不仅如此，他们还去了三里屯酒吧街，一直玩到了半夜才回宿舍。

2. 别无选择

> 你别无选择，只有退货。

"别无选择"的意思是除了所说的以外，没有别的办法。例如：

(1) 天色已晚，最后一班火车已经在半个小时前离开了车站，他们别无选择，只有找一家旅馆住下。

(2) 以前，如果去西藏旅行，你别无选择，只有乘飞机。可是现在你可以坐火车去了。

(3) 这个国家不产大米，他们别无选择，只能进口。

练一练

1. 用课文中出现的词语填空：

鸿运公司的张建来到_____查询上周五他们向商检局_____的检验申请是否通过，结果被告知_____的这批货物有质量问题。商检局在对这批服装_____时发现实际成分与标识的_____，而且服装_____中所含的甲醛超标，这是中国法律_____的。因此，鸿运公司_____，只有退货。

2. 根据下面方框中的提示，用"不仅如此"完成句子：

(1) 扩大生产规模，建立生产线，修建一个新的生产基地
(2) 产品质量低劣，销售价格高昂，售后服务极差
(3) 云南昆明，城市环境优美，气候宜人，四季如春

3. 根据下面方框中的提示，用"别无选择"完成对话：

甲：	乙：
(1) "十一"长假去哪儿旅游	父亲病了，回家
(2) 晚饭吃什么	冰箱，鸡蛋和鱼
(3) 这批货物用什么方式运输	偏远山区，公路运输

4. 用所给的词语完成对话：

（1）A：请问如何才能拿到这门课程的学分？

B：_____（提交、论文）

（2）A：大众汽车公司为什么要召回这一批汽车？

B：_____（抽检、发现质量问题）

（3）A：中国政府对于进口产品的产品说明是否有规定？

B：_____（标识、注明原产地）

（4）A：你听说过苹果公司生产的一款手机吗？

B：_____（iPhone、所谓、最畅销的产品）

（5）A：这款电脑如果出现质量问题怎么办？

B：_____（三个月之内、退货）

5. 下面的场景发生在某大商场的化妆品柜台，请根据下面的提示完成这段商场售货员和执法检查人员之间的对话：

6. 下面是一段关于蛋制品中添加苏丹红的文章，请你仔细阅读，然后和你的同学根据提示，进行讨论。

据新华社北京11月21日电（记者：姜雪丽） 国家质检总局21日公布了各级质监部门对全国蛋制品生产加工企业专项检查结果，结果显示有7家企业的8个批次产品涉嫌含有苏丹红。经进一步核查，质检总局公布了这7家企业的名单。

此次，质检总局对31个省（区、市）449家蛋制品企业523批次产品进行了检验。国家质检总局要求，有关质量技术监督部门对查出苏丹红的蛋制品生产加工企业，一律责令立即停产、停售，召回含有苏丹红的产品，并监督企业销毁。

国家质检总局同时要求，各级质量技术监督部门要进一步加强蛋制品生产加工企业日常安全卫生监管，继续开展全面排查，并采取切实有效措施，大力整顿蛋制品生产加工业秩序，提升整个蛋制品产业的质量安全水平，切实维护广大消费者的权益。

听一听

生词准备

1. 质检总局 zhìjiǎn zǒngjú　　General Administration of Quality Supervision, Inspection and Quarantine of People's Republic of China
2. 仿　　fǎng　　动　　imitate; copy; resemble
3. 资质　　zīzhì　　名　　qualification
4. 查处　　cháchǔ　　动　　investigate and treat
5. 维护　　wéihù　　动　　safeguard; defend; uphold

根据你听到的内容判断正误：

1. 目前大中型商场、超市销售的产品，安全指标全部符合国家规定标准。（　　）
2. 工商局在2011年底对仿瓷餐具进行了专项检查。（　　）
3. 多数媒体上有关仿瓷餐具含有毒材料的消息来源于在香港注册的国际食品包装协会和北京凯发环保技术咨询中心发的调查报告。（　　）
4. 在香港注册的国际食品包装协会不具备检验能力和法定检验资质。（　　）
5. 质检总局在2012年将进一步加强对仿瓷餐具的监督管理，严厉查处违法生产经营行为。（　　）

第七单元　银行税务

一、银行存贷款

中国人民银行决定，从 2011 年 12 月 5 日起下调存款类金融机构人民币准备金率 0.5 个百分点。并且分别下调存款基准利率、贷款基准利率各 0.5 个百分点，存贷款基准利率双双下调的举措也为近年来罕见。此次调整后，我国大型金融机构存款准备金率为 21%，中小型金融机构存款准备金率为 17.5%。

此次下调距央行上次上调存款准备金率不到半年时间，也是央行三年来首次下调存款准备金率。央行上次下调存款准备金率是在 2008 年 12 月。之后从 2010 年 1 月起，央行连续 12 次上调存款准备金率，通过对金融机构准备金率共计 600 个基点的上调，来回收市场过多流动性以抑制物价的过快上涨。

专家指出，在美国金融危机蔓延、全球金融动荡的背景下，各国央行正相继采取降息等诸多举措提高市场流动性予以应对，来有效提高金融市场信心，促进经济稳定健康发展。

词语

1. 存款	cúnkuǎn	名	deposit; saving
2. 准备金	zhǔnbèijīn	名	reserve (fund); reserves
3. 举措	jǔcuò	名	measure

第七单元 银行税务

4. 罕见	hǎnjiàn	形	seldom seen	
5. 抑制	yìzhì	动	restrain；control	
6. 金融危机	jīnróng wēijī		financial crisis	
7. 蔓延	mànyán	动	creep；spread；extend	
8. 相继	xiāngjì	副	in succession；one after another	
9. 降息	jiàng xī		to reduce interest rates	
10. 诸多	zhūduō	形	a good deal；a lot of；many	

你知道吗？

中国人民银行是1948年12月1日在华北银行、北海银行、西北农民银行的基础上合并组成的。1983年9月，国务院决定中国人民银行专门行使国家中央银行职能。中国的四大国有商业银行是：中国银行、中国工商银行、中国建设银行和中国农业银行。目前这四大国有银行已经完成了股份制改造。

学一学

……为近年来罕见

存贷款基准利率双双下调的举措也为近年来罕见。

"罕见"表示的意思是很少见到。"为"在这里的意思是"是"。后面搭配时间、事件、地点等限定性词语。这个句型可以是"为……罕见"。例如：

（1）迈克尔·菲尔普斯在北京奥运会上获得8块游泳金牌，这一优异的成绩为奥运史上罕见。

（2）这次国际金融市场出现的危机为上个世纪三十年代以来罕见的。

> **练一练**

1. 根据下面方框中的提示，用"……为……罕见"完成句子：

> （1）今年年初，这场大雪，新中国成立以来_____
>
> （2）今年，房屋价格上涨速度之快，近10年_____

2. 用课文中出现的词语填空：

（1）目前市场上的电脑产品种类丰富，消费者可以有_____选择。

（2）为了转播奥运会开幕式，电视台对这一时段的电视节目作了_____调整。

（3）中央政府希望通过银行_____、降低首付款的比例以及降低购房契税等_____，刺激房地产市场，让更多的人能买得起住房。

（4）7月份该国首次发现疯牛病，并很快_____到了整个南部地区。目前疫情已经得到了有效的控制。

3. "款"的意思是"钱"，文章中出现了"存款"，除此之外，还有哪些字可以和"款"一起用？可以查词典。

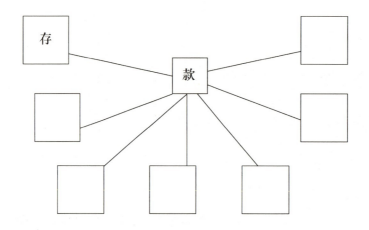

4. 用括号中所给的词语完成对话：

（1）A：你知道中国人通常是如何分配他们的工资收入的吗？

B：_____（存款）

（2）A：这学期小王的学习成绩和课堂表现都有了很大的进步。

B：_____（看法、相应改变）

(3) A：今年中国南方遭遇了一场暴雪。

B：_____（罕见）

(4) A：这个孩子真可怜，这么小就成了孤儿。

B：_____（相继、去世）

(5) A：你为什么选择在中国投资？

B：_____（诸多、利好政策）

5. 假设你要在中国学习和生活一年。现在你需要到银行开设一个账户，并将你带来的现金存入你的账户中。你现在需要了解有关银行存款方面的一些事情。请你根据下面的提示，和你的一位同学完成客户和银行工作人员之间的对话。

- 需要将10,000元人民币存入其账户
- 活期存款的利率；定期存款的利率
- 在银行开户是否需要证件，身份证或者护照
- 是否有银行储蓄卡，如何办理信用卡
- 如何开通网上银行
- 每个月是否会有一份对账单寄给客户

6. 2011年7月7日，中国人民银行对人民币存贷款利率作了调整。下面是银行调整后的存贷款利率，假设你是银行的工作人员，请你向客户介绍一下银行的利率情况：

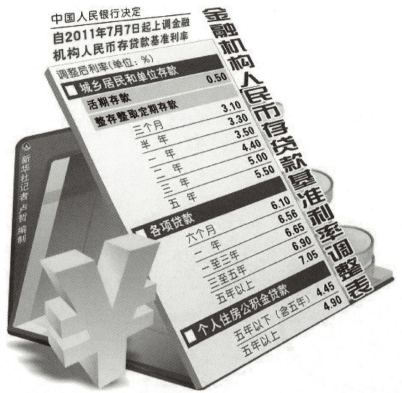

7. 假设你需要买一套价值200万元的住房。你需要了解贷款情况以及如何办理贷款。请你和你的一个同学完成这一对话。下面的词语可能会对你们的对话有帮助。

| 房屋总价　购房款　首付款　贷款额　分期付款　贷款利率　固定利率 |
| 提前还款　收入证明　身份证件　个人住房公积金贷款 |

8. 请你到附近一家银行的营业厅去了解一下，在中国，银行有哪些投资理财产品，它们的特点是什么。请你回来向你的同学做一个汇报，并且说出它们各自的优劣，然后向你的同学推荐其中的一种投资方式。

二、税　收

（马克刚到中国来工作，他来到了公司财会部，希望了解一下有关中国如何缴纳个人所得税的情况。下面是他和财会部小张的一段对话。）

第七单元　银行税务

马　　克：您好，我是马克，从美国总部来的。我上周刚到中国，想请教一下在中国如何缴纳个人所得税。

小　　张：个人所得税通常是由您的工作单位代扣，也就是说您拿到的工资是税后的工资。

马　　克：是吗？那么在中国，个人所得税的税率是多少？

小　　张：以前的起征点是2000元，现在调高到了3500元。

马　　克：起征点是什么意思？

小　　张：就是征税的起点数额，起征点以下的免征个人所得税，起征点以上的才开始征税。

马　　克：中国每个人都有税号吗？

小　　张：在中国，个人一般没有税号。

马　　克：那你们怎么报税？我是说工资以外的收入。

小　　张：年底的时候如果你的年收入超过12万元，就自己去税务所报税。

马　　克：这么简单？好。谢谢了。

小　　张：不客气。还需要了解什么，欢迎随时过来。

词语

1. 财会部	cáikuàibù	名	accounting office	
2. 缴纳	jiǎonà	动	pay	
3. 请教	qǐngjiào	动	ask for advice	
4. 代扣	dàikòu	动	withhold the taxes	
5. 税号	shuìhào	名	duty paragraph	
6. 超过	chāoguò	动	exceed; overtake; surpass	
7. 报税	bàoshuì	动	declare dutiable goods; make a statement of dutiable goods; report tax returns	

练一练

1. 用课文中出现的词语填空：

马克最近刚被总部派到中国来工作。他到北京后没几天就来到了公司的_____，向小张了解在中国如何_____所得税。小张告诉他，中国个人所得税的_____为3500元，超过起征点部分需要缴税。不过马克每个月拿到手上的工资是_____工资，公司已经_____了。马克还想了解如果有其他收入，该如何缴税，小张告诉他，如果他的年_____超过了12万，那么他年底的时候就要自己到税务所去_____。

2. "税"可以和很多字组合在一起构成一个词，本单元就出现了很多，请你把它们都找出来，再试试看你还能组哪些？

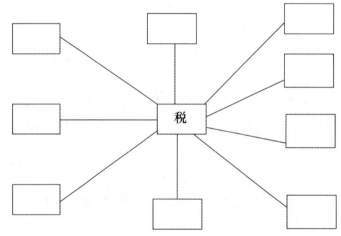

3. 用括号中所给的词语完成对话：

(1) A：我昨天开车违章，被警察开了罚单。

B：_____(银行、缴纳罚款)

(2) A：如果我想了解中国的投资政策该怎么办？

B：_____(请教、专家)

(3) A：你知道刚刚从学校毕业的大学生一个月可以拿多少钱吗？

B：_____(收入)

(4) A：最近苹果公司新上市的一款手机非常酷，怎么样，买一个吧。

B：_____(超过、购买能力)

(5) A：我在这儿人生地不熟，真有点儿害怕。

B：_____(随时、打电话)

4. 你打算在某汽车专卖店买车，需要向汽车销售人员了解有关税费方面的问题。请你和你的一个同学完成这段对话。请你上网查询相关信息。下面的提示可能会对你们有帮助。

原来的汽车消费税：

征收对象		计税单位	税率%
轿车	排量≥ 2.2L	辆	8
	1.0L≤ 排量 <2.2L	辆	5
	排量 <1.0L	辆	3
越野车	排量≥ 2.4L	辆	5
	排量 <2.4L	辆	3
客车（≤22座）	排量≥ 2.0L	辆	5
	排量 <2.0L	辆	3

现行汽车消费税：

类别	税率
1.0升（含）以下的乘用车	1%
1.0升至1.5升（含）的乘用车	3%
1.5升至2.0升（含）的乘用车	5%
2.0升至2.5升（含）的乘用车	9%
2.5升至3.0升（含）的乘用车	12%
3.0升以上至4.0升（含4.0升）的乘用车	25%
4.0升以上的乘用车	40%

5. 假设你打算在中国长期生活，现在需要购买一套价值三百万元的住房。请你实地到某一售楼处，向销售人员了解一下你需要缴纳哪些税，需要缴多少。下面的一些词语和句子可能会对你有帮助。

房产证　应纳税额　首付款　贷款额　分期付款　房价　印花税　二手房

（1）如何办理房产证（分期付款）？

（2）如何计算应缴纳的税额？

（3）首付款的比例是总房价的多少？

（4）购房者购买二手房需要缴纳哪些税种？

6. 假设你将回国过圣诞节，你在首都国际机场的免税商店里为家人选购礼品。你需要了解一下这些商品在市面上的价格以及免税店里的价格，并和商店售货员讨论应该选哪种礼品给你的家人。请你和你的同学扮演不同的角色，根据提示完成对话。

听一听

生词准备

1. 疲软　　　píruǎn　　　形　　　　weaken; slump
2. 贸易壁垒　màoyì bìlěi　　　　　　trade barriers; trade wall

| 3. 开拓 | kāituò | 动 | open up；extension；open-out prolongation |
| 4. 不失为 | bùshīwéi | 动 | can yet be regarded as；may after all be accepted as |

听后回答下列问题：

1. 中新自贸协定是于何时签订的？

2. 自中新自由贸易协定生效之日起，新西兰从中国进口的产品有百分之多少将实现零关税？什么时候将全部取消自华进口产品关税？

3. 2008 年前九个月，中国出口到新西兰的纺织品服装价值多少美元？

4. 2008 年前九个月，中国出口 7.54 亿美元的产品是哪一类？

第八单元　股票基金

一、股　票

（下面是两位投资者的一段有关股票市场的对话）：

投资者A： 周一上证指数又创新低。受外盘影响，A股市场再现大幅下挫走势。

投资者B： 大盘为何如此低迷？

投资者A： 全球股市都在下跌，中国的股市岂有不跌之理？

投资者B： 话是这么说。虽然全球金融危机的影响日益深化，但我国金融体系却保持了稳健的态势。我国的GDP增长速度虽然有所放缓，出口贸易有所下降，但并没有影响到国民经济全局。所以我觉得A股市场没有理由受累于外盘。

投资者A： 但愿如此。可是A股市场大幅下挫，投资者信心不足。

投资者B： 希望政府出台一些利好政策，再给股票市场注入一些活力。

词语

1. 上证指数	Shàngzhèng Zhǐshù		Shanghai Composite Index
2. A股	A gǔ		A-shares
3. 外盘	wàipán	名	global markets
4. 下挫	xiàcuò	动	fall; drop

5. 大盘	dàpán	名	main stock index；main stock market	
6. 低迷	dīmí	形	depression；low	
7. 下跌	xiàdiē	动	fall；drop	
8. 稳健	wěnjiàn	形	firm	
9. 态势	tàishì	名	momentum	
10. 放缓	fànghuǎn	动	slow down	
11. 受累于	shòu lěi yú		be implicated or incriminated （on account of sb. else）	
12. 但愿如此	dànyuàn rúcǐ		Be it so / I hope so / I wish it were true！	

 你知道吗？

在上个世纪 90 年代以前新中国是没有股票交易的。1990 年 11 月 26 日，经国务院授权，中国人民银行批准，成立了上海证券交易所，这是新中国成立以来开业的第一家证券交易所。随后我国第二家证券交易所——深圳证券交易所于 1991 年 7 月 3 日正式开业。

学一学

1. 岂有……之理

全球股市都在下跌，中国的股市岂有不跌之理。

"岂"是副词，表示反问。"岂有……之理"的意思是"怎么有 / 哪里有……的道理"，插入的常为否定的"不"组成的内容。例如：

（1）现在全球的房价都在下跌，在中国炒房岂有不赔之理？

（2）在比赛之前，这个球队根本就没有认真训练，你说这样岂有不输之理？

2. 话是这么说

> 话是这么说。虽然全球金融危机的影响日益深化，但我国金融体系却保持了稳健的态势。我国的GDP增长速度虽然有所放缓，出口贸易有所下降，但并没有影响到国民经济全局。所以我觉得A股市场没有理由受累于外盘。

"话是这么说"在口语中经常出现。委婉地表示不同意前者的观点。例如：

(1) A：听说北京、上海的房价开始降了，年底应该可以买房了。

 B：话是这么说，可这两个城市的房价还是非常贵，一般的房子每平方米都要两三万，对一般的老百姓来说还是一个天价，买不起。

(2) A：据报道，今年有一多半的省GDP总量超过了1万亿元。

 B：话是这么说，中国的贫困人口还是相当多的，多数人并没有因为GDP的增长而增加了幸福感。

练一练

1. 用"岂有……之理"改写下列句子：

(1) 他考试之前一直都在网吧里，根本就没有时间复习功课，你说他考试怎么可能及格？
(2) 知己知彼，百战不殆。在谈判前他把对手的情况都了解得清清楚楚，他绝对不可能失败的。
(3) 完成作业是做学生的最基本的要求，不应该不做作业。

2. 根据下面方框中的提示，用"话是这么说"完成对话：

A：	B：
(1) 北京的交通状况非常糟糕，10分钟的车程常常要开一个多小时。	限号行驶后，情况出现好转
(2) 现在的投资渠道很多，像股市、基金、还有房地产和纸黄金等。	投资渠道虽然多，投资风险也很大

3. 用括号中的词语完成对话：

（1）A：这届奥运会最引人注目的新闻是什么？

　　B：_____（创、最高纪录）

（2）A：受经济危机的影响，公司的出口量全面下滑。

　　B：_____（总经理、情绪、低迷）

（3）A：中国的计划生育政策对控制人口增长是否有效？

　　B：_____（有效、态势）

（4）A：国际市场上的石油价格似乎开始下跌了。

　　B：_____（受累于、跌到了5年来的最低点）

（5）A：希望你的公司在新的一年里能够摆脱困境。

　　B：_____（但愿如此）

4. 下面是一幅股票市场的曲线图，请你用语言描述一下这幅图的走势。下面的一些词语可能会对你有帮助。

　　　大盘　涨幅　跌幅　开盘价　收盘价　成交量　股票行情

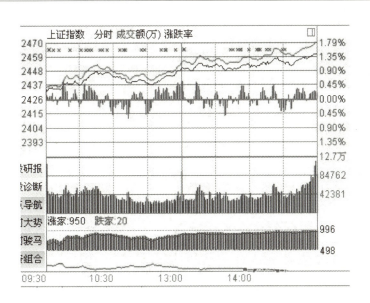

5. 请你和你的一个同学去了解一下目前的股票行情，并就此完成一段对话。希望下面的提示会对你们有帮助。

6. 根据短文内容选择正确答案：

随着金融危机加速蔓延，全球实体经济遭受重创已在所难免。在中国，开始出现企业倒闭。防止由个别企业倒闭演变为企业倒闭风潮，已成为决策者的当务之急。如何防止企业倒闭，存在两种思路：一是救企业，通过信贷和税收降低企业运营成本；二是促消费，通过增加消费者的消费愿望和消费能力，从后端源头上消化企业生产能力，保住企业。

对中国实体经济而言，对外，出口是关键；对内，房地产和汽车是关键。这三个行业的产值占 GDP 的 50% 左右，是救实体经济的主要对象。目前，国内政策调整主要也是沿着这两条主线展开的。

对出口企业，财政部和税务总局已经宣布调高 3486 项商品的出口退税率。

房地产和汽车是内需的关键。昨天，房贷新政正式实施，内容包括首次购房贷款利率可优惠、公积金利率下调 0.27 个百分点、免征印花税等。

（1）目前全球金融危机的形势是：
    A. 金融危机已经得到遏制   B. 金融危机正在蔓延
    C. 金融危机蔓延的速度正在加快   D. 金融危机已经过去，经济开始复苏

(2) 决策者当前最主要的任务是：
　　A. 防止某个企业倒闭　　　　B. 很多企业都倒闭了
　　C. 促进经济增长　　　　　　D. 防止更多的企业倒闭
(3) 支撑中国经济的主要行业是：
　　A. 出口　　　　　　　　　　B. 房地产和汽车
　　C. 房地产　　　　　　　　　D. 出口、房地产和汽车

二、基 金

（下面是有关基金方面的对话）：

王小姐：我总是听别人谈论基金什么的，基金到底是什么东西？

张先生：基金是一种投资工具，证券投资基金把众多投资人的资金汇集起来，由基金托管人（例如银行）托管，由专业的基金管理公司管理和运作，通过投资股票和债券等证券，实现收益的目的。

王小姐：如果我想投资基金，应该如何操作？

张先生：这个不难。在决定投资基金前，最好到基金销售网点去了解有关基金的投资方向、投资策略、投资目标、基金管理人业绩、开户条件及具体交易规则等重要信息，对准备购买基金的风险、收益水平有一个总体评估，并据此作出投资决定。

王小姐：那这些信息了解到了以后该如何行动？

张先生：下面一步就是开设基金账户，然后是认购、申购或赎回基金，最后是交纳相关的费用。

王小姐：这么简单。

张先生：对，其实不难。预祝你投资成功！

词语

1. 证券	zhèngquàn	名	bond；security
2. 汇集	huìjí	动	adduct；collect；compile
3. 托管	tuōguǎn	动	deposit；trust
4. 收益	shōuyì	名	profit；earning；gains
5. 操作	cāozuò	动	operate；manipulate；handle
6. 网点	wǎngdiǎn	名	commercial networks
7. 策略	cèlüè	名	tactics
8. 业绩	yèjì	名	achievement；outstanding achievement
9. 开户	kāi hù		open an account
10. 评估	pínggū	动	estimate；assess；appraise
11. 据此	jù cǐ		on these grounds；in view of the above；accordingly
12. 认购	rèngòu	动	offer to buy；subscribe
13. 申购	shēngòu	动	buy；purchase
14. 赎回	shúhuí	动	redeem；ransom

学一学

到底

基金到底是什么东西？

"到底"是副词，表示询问，有"究竟"的意思。例如：

(1) 你到底哪儿不舒服？脸色那么不好，我还是送你去医院看医生吧。

(2) 各部门经理在会议室开了一上午的会，到现在还没有结束，也不知道到底在讨论什么重大决策。

第八单元　股票基金

> **练一练**

1. 用"到底……"改写下面的句子：

（1）现在已经是8月份了，你们什么时候决定"十一"黄金周去哪儿旅游？

（2）大雾已经散了，飞机什么时候才能起飞？

（3）这个设备很复杂，你需要认真研究说明书以后才会使用。

2. 用课文中出现的词语填空：

证券投资基金把众多投资人的资金_____起来，由基金托管人（例如银行）托管，由专业的基金管理公司管理和运作，通过投资股票和债券等证券，实现_____的目的。如果你有意要投资基金，那么最好是先到基金销售_____去了解有关基金的投资方向、投资策略、投资目标、基金管理人_____、开户条件及具体交易规则等重要信息，对准备购买基金的风险、_____水平有一个总体评估，并_____作出投资决定。

3. 将下面可以搭配的词语用线连起来：

交纳　　　　　　　资金

交易　　　　　　　账户

汇集　　　　　　　信息

开设　　　　　　　费用

了解　　　　　　　规则

4. 用括号中的词语完成对话：

（1）A：请问学校附近有没有一个大点儿的书店？

B：_____（四季图书城、汇集）

（2）A：经过董事会的讨论，你报上来的提案已经获得批准。

B：_____（具体操作、执行）

（3）A：我打算买一辆奇瑞轿车，可是不知道维修是否方便。

B：_____（网点、维修费便宜）

（4）A：请销售部汇报一下去年的销售情况。

B：_____（总体、销售额）

（5）A：请你介绍一下你们招聘员工的条件好吗？

B：_____（考试成绩、工作经历、面试、据此）

5. 根据提示，和你的同学就如何理财进行一段对话：

6. 根据下面几段文字内容，确定哪一个句子和哪一段文字有关系：

(1) 某市的房地产市场低迷，购房者观望的情绪越来越浓。

(2) 很多股票投资者被套，证券交易量大幅度减少。

(3) 中国政府将采取灵活审慎的经济政策，以妥善应对目前复杂的经济局面。

(4) 越来越多的居民把钱放在银行，存定期。

A. 今年前三季度，更多市民的投资理财方式首选储蓄。人行宁波市中心支行昨日公布的金融运行状况的数据显示，今年前三季度，股市资金大量回流银行体系，储蓄存款累计增加356.56亿元，比去年多增290.47亿元。另外，今年呈现出明显的存款定期化趋势，在356.56亿元新增储蓄存款中，定期储蓄存款占到305亿元，占比85.54%，同比去年多增298.77亿元。	B. 随着大盘指数下跌了近70%，大部分投资者的资金也相应出现了大幅缩水的情况。另外不少被套的投资者也停止了交易，耐心等待，这样导致了证券的交易量出现了大幅度的缩水。宁波市统计局的一组证券交易数据显示，相比去年的1月至8月，今年1月至8月，股票和基金的成交量下降了3.18%。
C. 今年以来楼市颇不平静，杭州楼市已经连续八九个月成交低迷，折扣风潮越演越烈，观望情绪却越来越浓，在这样的情况下，央行降低"双率"对房地产业的触动微乎其微。"现在购房者更关心的是房价会不会继续降，如果他们对未来预期信心不足，房地产市场很难在短期内回暖。"一位房地产业资深人士直言，他们盼望有更多有针对性的利好。	D. 鉴于国际经济金融正在经历严重的挑战，中国已提出要采取灵活审慎的经济政策，以妥善应对各种复杂局面。人民银行10月4日已表示，为了避免和减少美国金融危机对中国的影响，人民银行和有关监管部门已经制定了各项应对预案，并有信心、有条件、有能力维护中国经济发展和金融稳定，为世界经济稳定发展做出贡献。

听一听

生词准备

1. 黄金　　huángjīn　　名　　gold
2. 足不出户　zú bù chū hù　　remain within doors; remain quietly at home behind closed doors; keep (stay) indoors
3. 变现　　biànxiàn　　动　　cash; realize
4. 挂钩　　guà gōu　　　　link up with; get in touch with

1. 听后选择括号中恰当的词语填空：

（1）_____是一种新的投资方式，它给老百姓利用黄金保值提供了便利。（黄金、纸黄金）

（2）只要您在银行开一个_____账户，并开通电话银行和网上银行，就能足不出户进行纸黄金的买卖了。（活期、定期）

（3）纸黄金与国际金价_____，采取24小时不间断交易模式。（挂钩、交易）

（4）_____纸黄金目前报价在同业之中最具有优势。（中国银行、中国工商银行）

2. 根据录音回答下列问题：

（1）如何通过银行进行纸黄金交易？

（2）客户是否可以在晚上10点钟进行纸黄金交易？

（3）客户是否可以用美元进行纸黄金交易？

（4）客户需要进行纸黄金交易的时候必须去银行吗？

听力原文

第一单元

主人：你喜欢吃中国饭菜吗？

客人：很喜欢。特别喜欢一顿可以吃到这么多好吃的菜，不像西餐，每个人就吃自己点的。

主人：对，中国人的餐桌是圆的，大家围坐在一起，菜放在中间，喜欢吃什么就吃什么。

客人：没错。不像西餐桌，长的，聊天也不方便。

主人：哦？是吗？

客人：对呀。你只能和坐在你对面的一两个人，还有坐在你边上的人聊天。否则太远了，听不见。

主人：那倒是。

第二单元

2008年12月30日，总投资101亿元的宝鸡高新区汽车工业园开园暨陕汽集团汽车生产制造基地开工典礼仪式在陕西省宝鸡高新区举行。

该园总面积25平方公里，由"四园一区""三个基地"和"五个中心"组成。园区内规划建设汽车试车场、汽车研究院、汽车展销中心、千亩生态景观湖等。目前，已有汽车零部件项目、重卡汽车装配线等14个项目签约入园。园区将按照世界一流汽车城标准，依托宝鸡汽车及零配件产业的基础，加快引进一批龙头骨干企业和配套生产企业，努力打造集研发、生产、试验、检测、销售及汽车租赁、交易、物流、展示于一体，涉及汽车全生产过程的汽车产业集群，使宝鸡高新汽车工业园成为基础设施完善、生态环保、文明和谐的现代化汽车工业城。

到2012年，汽车工业城将形成30万辆轻微型车、3万辆专用车、6万辆中型卡车、10万吨铸锻件的生产能力，实现销售收入600亿元。

（摘自《科技日报》2009年1月3日，有改动）

第三单元

你知道在贸易谈判中，最重要的是什么吗？如果不知道，那就请看为中国加入世贸组织立下汗马功劳的谈判高手龙永图是怎么说的吧。他曾经谈到在谈判中有两个关键点。

第一是谈判者的立足点。谈判者应该立足于寻求双赢。所谓双赢，即个人和对方都不吃亏。谈判最大的难度不是不让自己吃亏，而是如何在双方利益中找到结合点。他曾经多次告诉媒体，谈判时采取强硬态度是最有利的，也是最容易的，但这种态度并不能解决问题。真正的共赢必须花费很大的力量，有时需要做出一些妥协。对谈判者而言，妥协会承受强大的压力，因此必须有承受压力的勇气。

第二是谈判的技巧。谈判者必须知道对自己而言最重要的是什么。他以中国加入世贸组织为例来说明这个问题。中国加入世贸组织走了一段弯路。按照原来的构想，先解决与第三世界国家的问题，然后是欧盟、澳大利亚等国家，最后才是美国。可后来实践证明，不解决美国的问题，所有的问题都难以解决。1998年中国改变谈判方向，决定把美国作为最重要的对象。果然与美国的协议达成之后，一切问题都迎刃而解。

另外，谈判者必须清楚什么是底线。谈判要让步，问题是在哪里让步。开始会在第三步、第四步上让步，而让步的目的是保住底线。中国的入世谈判也是把握这样的原则。

关键一句话，谈判者必须对问题的轻重缓急有明确把握。

(选自《中国青年报》2005年10月17日，有改动)

第四单元

自主品牌出口的海运屏障

中国的自主汽车品牌一方面在国内巨头的竞争下拼命挣扎，一方面将成长的希望放在了亚非不发达地区。然而制约这些自主品牌向外扩张的关键因素却不是技术与产能，而是日韩垄断下的滚装海运市场。

"如果不是因为运输的问题，奇瑞今年的出口量将达到15000辆，运输问题让奇瑞折损了1/3的出口量。"奇瑞董事长尹同耀对记者说。

奇瑞的出口折损侧面反映了中国自主汽车品牌出口面临的海运物流难题——由于此前汽车工业发展的滞后性，中国海运物流企业大多没有涉及汽车运输的滚装船业务。滚装船的运营成本高昂，只有在运载车辆的整体体积超过滚装船60%容积的状况下，海运物流企业才能够盈利。但中国汽车企业的出口业务比较零散，不足以支撑庞大的运费开支，因此到目前为止，中国海运企业在远洋出口领域力量非常薄弱。

与中国汽车海运物流形成鲜明对比的是日韩海运企业，中国的整车出口目前基本由日韩海运企业掌控。这些海运物流企业通常都和本国的大汽车制造商签署了长期的合作协议，因此其国内的汽车企业可以获得比中国低廉的运输价格，而中国汽车企业由于整车出口数量的限制而饱受歧视。

(选自《经济观察报》，有删节)

第五单元

中国黄埔海关预测说，入世后，在中国传统产品进入世界市场的出口渠道进一步拓宽的同时，世界其他国家的优势产品也将长驱直入地进入中国市场，倾销与反倾销将是围绕中国企业的一个大问题。

有专家称，前有中国彩电业，后有中国农产品如大蒜等，由于中国企业没有采取积极应对措施，使中国的传统优势企业被迫退出世界市场，近期则又出现了中国瓷砖遭遇反倾销的阻击。

专家指出，入世后，中国的企业在国内市场也将面临更多的反倾销问题。此前，上海高桥石化丙烯酸厂、北京化学工业集团和吉联（吉林）石油化学公司等几家单位就向中国外经贸部提出申诉，认为马来西亚、印度尼西亚、新加坡和韩国四国部分丙烯酸酯企业向中国出口存在低价倾销现象，损害了中国相关产业的发展。

经立案、论证、实地核查，中国外经贸部与中国国家经贸委裁定上述四国在中国市场销售的丙烯酸酯存在低价倾销行为，同时对中国企业造成了实质性损害。因此从今年七月开始，中国对上述四国部分企业出口到中国的丙烯酸酯产品征收31%到69%不等的反倾销税。

据悉，自去年起，韩国、印度尼西亚、新加坡、马来西亚对华的丙烯酸酯出口量大幅度增长，其中今年一月到九月，自马来西亚进口的丙烯酸酯比去年同期增长近十五倍。而从上述国家进口到中国的丙烯酸酯平均价格仅为每吨830美元，明显低于从其他国家进口的平均价格每吨889美元。

第六单元

国家质检总局17日发布消息称，质检部门于2011年底，组织对所有品种的仿瓷餐具进行了全国范围的专项检查，结果显示，目前大中型商场、超市销售的获得

许可证的企业生产的产品，安全指标全部符合国家规定标准。

2011年12月下旬以来，国内外有关媒体关于北京市场八成仿瓷餐具含有毒材料的报道，引起了消费者的关注。

质检总局称，据了解，多数媒体的消息来源于在香港注册的国际食品包装协会和北京凯发环保技术咨询中心发的调查报告。经有关部门证实，该协会和中心不具备检验能力和法定检验资质。他们对送检样品的抽取、检验以及推测结论，既不规范、也不科学。

质检总局表示，2012年将进一步加强对仿瓷餐具的监督管理，严厉查处违法生产经营行为，维护广大消费者健康安全。

第七单元

新快报讯（记者 张恩杰 通讯员 石先来） 记者日前从中山检验检疫局获悉，《中华人民共和国政府和新西兰政府自由贸易协定》（简称中新自贸协定）已于2008年10月1日生效。新西兰将在2016年1月1日前取消全部自华进口产品关税，其中63.6%的产品从2008年10月1日起实现零关税；中国将在2019年1月1日前取消绝大部分自新进口产品关税，其中24.3%的产品已于2008年10月1日起实现了零关税。数据显示，2007年经检验出口的中山纺织品服装10.6亿美元，其中出口新西兰819.4万美元；2008年前九个月，纺织品服装出口8.45亿美元，其中出口新西兰673万美元。2007年经检验出口的鞋类产品9.20亿美元，其中出口新西兰55.64万美元；2008年前九个月，鞋类出口7.54亿美元，其中出口新西兰45.28万美元。该局有关人士接受采访时表示，在欧美市场疲软，技术性贸易壁垒不断的情况下，开拓新西兰市场不失为一个新选择。

第八单元

纸黄金是一种新的投资方式，它给老百姓利用黄金保值提供了便利。以中国银行为例，只要您在银行开一个活期账户，并开通电话银行和网上银行，就能足不出户进行纸黄金的买卖了。

纸黄金的优势在于：一、其为记账式黄金，不仅为投资人省去了储蓄成本，也为投资人的变现提供了便利。二、纸黄金与国际金价挂钩，采取24小时不间断交易模式。国内夜晚，正好对应着欧美的白天，即黄金价格波动最大之时，为上班族的理财提供了充沛的时间。三、纸黄金提供了美元金和人民币金两种交易模式，为外币和人民币的理财都提供了相应的机会。四、中国银行纸黄金目前报价在同行业之中最具有优势，较小的双边点差为投资人获得更多的收益提供了机会。

词语总表

			A	
A 股	A gǔ		A-Shares	8
案件	ànjiàn	名	law case；legal case	5
昂贵	ángguì	形	expensive；costly	3
			B	
百忙之中	bǎi máng zhī zhōng		while fully engaged；in the thick ofthing	1
包容性	bāoróngxìng	名	the nature of containing；show the nature of hold	2
包装	bāozhuāng	名	packing	4
饱受歧视	bǎoshòu qíshì		suffer discrimination to the fullest extent	4
保险	bǎoxiǎn	名	insurance	4
报价	bào jià		quote；offer	3
报税	bào shuì		declare dutiable goods；make a statement of dutiable goods；report tax returns	7
爆炸	bàozhà	动	explode；blast；bomb	4
备感荣幸	bèi gǎn róngxìng		greatly honored	1
被诉人	bèisùrén	名	defendant；respondent	5
变现	biànxiàn	动	cash；realize	8
标识	biāozhì	名	identification；identifying	6
别无选择	bié wú xuǎnzé		have no other choice but；there is no other ways	6
宾至如归	bīn zhì rú guī		make somebody feel at one's home	1
不失为	bùshīwéi	动	can yet be regarded as；may after all be accepted as	7
不虚此行	bù xū cǐ xíng		the trip has been well worthwhile；the tourney has not been made in vain	2

不言而喻	bù yán ér yù		it is self-evident；it goes without saying that...	1
C				
财会部	cáikuàibù	名	accounting office	7
裁决	cáijué	动	make a ruling；judge；decide；rule	5
操作	cāozuò	动	operate；manipulate；handle	8
侧面	cèmiàn	名	side；sideview；sideways；profile	4
策略	cèlüè	名	tactics	8
查处	cháchǔ	动	investigate and treat	6
畅销	chàngxiāo	动	sell well；be in great demand	3
超标	chāo biāo		overproof	6
超过	chāoguò	动	exceed；overtake；surpass	7
沉没	chénmò	动	sink	4
成分	chéngfèn	名	composition；component part；ingredient	6
成交	chéngjiāo	动	strike a bargain；clinch（close）a deal	3
诚信	chéngxìn	名	honesty	5
诚意	chéngyì	名	good faith；sincerity	3
诚挚	chéngzhì	形	sincere，earnest	3
持币观望	chí bì guānwàng		holding money without buying	2
冲击	chōngjī	动	shock；dash	5
出示	chūshì	动	show；produce	6
储存	chǔcún	动	store up；stockpile	4
触礁	chù jiāo		run on rocks；strike a rock	4
存款	cúnkuǎn	名	deposit；saving	7
D				
达成	dáchéng	动	reach（agreement）；conclude	3
大盘	dàpán	名	main stock index；main stock market	8
代扣	dàikòu	动	withhold the taxes	7
单独	dāndú	副	single；only；sole	5
但愿如此	dànyuàn rúcǐ		Be it so / I hope so / I wish it were true！	8
当事人	dāngshìrén	名	person concerned；litigant	5
导致	dǎozhì	动	lead to；bring about；result in；cause	5

到岸价	dào'ànjià	名	CNF（cost and freight）	3
低迷	dīmí	形	depression；low	8
抵达	dǐdá	动	arrive；reach	5
缔结	dìjié	动	conclude；establish	5
定夺	dìngduó	动	make the final decision；decide	2
F				
发起	fāqǐ	动	initiate；start	3
罚款	fá kuǎn		fine；forfeit；penalty	6
反倾销	fǎn qīngxiāo	动	anti-dumping	5
防震	fángzhèn	动	shockproof；quakeproof	4
防止	fángzhǐ	动	prevent；guard against	5
房贷危机	fángdài wēijī		home loan crisis	2
仿	fǎng	动	imitate；copy；resemble	6
放缓	fànghuǎn	动	slow down	8
非同寻常	fēi tóng xúncháng		out of the ordinary；unusual	1
分配	fēnpèi	动	distribute；allocate；assign	4
扶持	fúchí	动	support with the hand；give aid to；help to sustain	2
附加值	fùjiāzhí	名	additional value	4
G				
干杯	gān bēi		drink a toast；cheers	1
感受	gǎnshòu	动	experience；feel	1
巩固	gǒnggù	动	consolidate；strengthen；solidify；secure	1
顾客	gùkè	名	customer；client	4
挂钩	guà gōu		link up with；get in touch with	8
关注	guānzhù	动	follow with interest；pay close attention to；show concern for	1
惯例	guànlì	名	usual practice；customary rule	3
光临	guānglín	动	presence（of a guest，etc）	1
滚装船	gǔnzhuāngchuán	名	roll-on-roll-off ship	4
过奖	guòjiǎng	动	overpraise；underserved compliment	5

		H		
海啸	hǎixiào	名	tsunami	4
罕见	hǎnjiàn	形	seldom seen	7
汗马功劳	hànmǎ gōngláo		distinctions won in battle；one's contributions in work	3
好客	hàokè		hospitable	1
和解	héjiě	动	compromise；conciliate	5
后发制人	hòu fā zhì rén		gain mastery by striking only after the enemy has stuck；let one's opponent start hitting and then get the better of him；spar with one's opponentmore for defence than attack	3
呼声	hūshēng	名	cry；voice	2
互补	hùbǔ	动	complementary	2
黄金	huángjīn	名	gold	8
汇集	huìjí	动	adduct；collect；compile	8
		J		
机遇	jīyù	名	opportunity；favourable circumstance	5
给予	jǐyǔ	动	give	1
暨	jì	连	and	2
甲醛	jiǎquán	名	formaldehyde	6
肩负	jiānfù	动	take on；undertake；shoulder；bear	5
艰苦奋斗	jiānkǔ fèndòu		work hard and perseveringly；struggle hard amid difficulties	1
检查	jiǎnchá	动	check up；inspect；examine	6
检验	jiǎnyàn	动	checkout；test；examine；inspect	6
降价	jiàng jià		cut price；reduce price	2
降息	jiàng xī		to reduce interest rates	7
焦点	jiāodiǎn	名	central issue；focus	1
缴纳	jiǎonà	动	pay	7
接风洗尘	jiē fēng xǐ chén		welcome and help wash off the dust—to treat sb. to a dinner on arriving	1

结算方式	jiésuàn fāngshì		clearing form	3
届时	jièshí	副	at the appointed time；on the occasion	1
金融危机	jīnróng wēijī		financial crisis	7
紧迫	jǐnpò	形	urgent；pressing；imminent	5
禁止	jìnzhǐ	动	prohibit；ban；forbid	6
酒精	jiǔjīng	名	alcohol	6
举措	jǔcuò	名	measure	7
巨头	jùtóu	名	magnate	4
据此	jù cǐ		on these grounds；in view of the above；accordingly	8
K				
开户	kāi hù		open an account	8
开庭	kāi tíng		open a court session；call the court to order；hold a court	5
开拓	kāituò	动	open up；extension；open-out prolongation	7
开箱	kāi xiāng		unpack	6
框架	kuàngjià	名	frame；framing	3
扩张	kuòzhāng	动	expand；aggrandize；extend；enlarge	4
L				
离岸价	lí'ànjià	名	FOB（free on board）	3
理赔	lǐpéi	动	settle claim	5
亮点	liàngdiǎn	名	highlight	1
灵活	línghuó	形	flexible；elastic	3
零散	língsǎn	形	scattered	4
流程	liúchéng	名	procedure；technological process	4
龙头	lóngtóu			1
垄断	lǒngduàn	动	monopolize	4
楼盘	lóupán	名	global markets	2
履行	lǚxíng	动	perform；fulfil；carry out	5
履约	lǚyuē	动	hornour an agreement；keep an appointment	5

		M		
蔓延	mànyán	动	creep；spread；extend	7
贸易壁垒	màoyì bìlěi		trade barriers；trade wall	7
没收	mòshōu	动	confiscate；expropriate	6
霉变	méibiàn	动	go mouldy	5
免征	miǎnzhēng	动	exempt from taxes	2
面料	miànliào	名	surface cloth or material	6
名册	míngcè	名	register；roll	5
明令禁止	mínglìng jìnzhǐ		prohibited by official order	6
		N		
拟	nǐ	动	intend；plan	2
		P		
拍板	pāi bǎn		have the final say；give the final verdict	3
泡沫	pàomò	名	bubble	2
泡沫塑料	pàomò sùliào		polystyrene；foamed plastic	4
培育	péiyù	动	educate；cultivate；foster	3
赔偿	péicháng	动	compensate for	4
疲软	píruǎn	形	weaken；slump	7
评估	pínggū	动	estimate；assess；appraise	8
屏障	píngzhàng	名	protect screen	4
破解	pòjiě	动	solve	5
破裂	pòliè	动	break；split；crack	4
		Q		
切磋	qiēcuō	动	learn from each other by exchanging views	1
亲身	qīnshēn	副	personal；firsthand	1
青睐	qīnglài	动	favour；good graces	1
轻重缓急	qīng zhòng huǎn jí		order of priority；order of importance and emergency	3
倾销	qīngxiāo	动	dump	5
请柬	qǐngjiǎn	名	invitation card；invitation	1

请教	qǐngjiào	动	ask for advice	7
趋势	qūshì	名	trend; tendency	3
R				
认购	rèngòu	动	offer to buy; subscribe	8
日新月异	rì xīn yuè yì		change rapidly; change with each passing day	1
日益	rìyì	副	increasingly; more and more; day by day	2
入席	rù xí		take one's seat at a banquet	1
S				
杀价	shā jià		offer to buy something cheap; demand a lower price	3
商检局	shāngjiǎnjú	名	commodity inspection and testing bureau	6
商谈	shāngtán	动	exchange view; confer; discuss; talk over	3
商议	shāngyì	动	confer; discuss	5
上证指数	Shàngzhèng Zhǐshù		shanghai Composite Index	8
设宴款待	shè yàn kuǎndài		give a bangnet in hornour of sb.	1
申购	shēngòu	动	buy; purchase	8
申诉	shēnsù	动	appeal; complain	5
申诉人	shēnsùrén	名	claimant; plaintiff	5
深化	shēnhuà	动	deepen; intensify	2
审理	shěnlǐ	动	try; hear	5
生效	shēng xiào		come into force; go into effect; become effective	3
声誉	shēngyù	名	reputation; fame; prestige	5
时差	shíchā	名	time difference; jet leg	1
事宜	shìyí	名	matters concerned	5
适宜	shìyí	动	suitable; fit; appropriate; proper	4
收集	shōují	动	collect; gather	2
收益	shōuyì	名	profit; earning; gains	8
手段	shǒuduàn	名	means; medium; measure; method	4

首屈一指	shǒu qū yì zhǐ		come first on the list；be matchless；come out first	2
首席	shǒuxí	形	chief	5
受潮	shòu cháo		be affected by damp；become damp	4
受累于	shòu lěi yú		be implicated or incriminated（on account of sb. else）	8
赎回	shúhuí	动	redeem；ransom	8
署名	shǔ míng		sign；put one's signature to；sign one's name	5
双重	shuāngchóng	形	double；dual	5
双赢	shuāngyíng	名	win-win	3
率先	shuàixiān	副	take the leading in doing sth.；be the first to do sth.	2
爽快	shuǎngkuài	形	straightforward；outright	5
水渍险	shuǐzìxiǎn	名	with particular average	4
税号	shuìhào	名	duty paragraph	7
税率	shuìlǜ	名	tax rate；rate of taxation	2
税收	shuìshōu	名	tax revenue	2
诉讼	sùsòng	名	lawsuit；litigation；legal action	5
所得税	suǒdéshuì	名	income tax	2
所谓	suǒwèi	形	what is called；so-called	6
索赔	suǒpéi	动	claim indemnity；demand compensation	3

T

态势	tàishì	名	momentum	8
调解	tiáojiě	动	mediate；arbitrate；make peace	5
体验	tǐyàn	动	experience	1
通关	tōngguān		declare sth at the customs；apply to the customs	2
通行	tōngxíng	动	current；general	5
投保	tóu bǎo		insure；cover；effect insurance	4
退货	tuì huò		cancel the order；return the goods	6
托管	tuōguǎn	动	deposit；trust	8

托运	tuōyùn	动	consign for shipment; check	4
W				
外加	wàijiā	动	plus	5
外盘	wàipán			8
网点	wǎngdiǎn	名	commercial networks	8
违法	wéifǎ		break the law; be illegal	6
维护	wéihù	动	safeguard; defend; uphold	6
稳健	wěnjiàn	形	firm	8
无法企及	wú fǎ qǐ jí		far beyond one's reach; matchless; unable to catch up with	2
五湖四海	wǔ hú sì hǎi		the five lakes and the four seas—every where; from all corners of the land	1
物流	wùliú	名	logistics	4
X				
下挫	xiàcuò	动	fall; drop	8
下跌	xiàdiē	动	fall; drop	8
先声夺人	xiān shēng duó rén		forestall one's opponent (competitor) by a show of strength; overawe others by displaying one's strength	3
险种	xiǎnzhǒng	名	coverage	4
限额	xiàn'é	名	norm; limit; quota	6
限制	xiànzhì	动	astrict; restrict; limit; confine	6
相关	xiāngguān	动	be interrelated; be related to	5
相继	xiāngjì	副	in succession; one after another	7
销路	xiāolù	名	sale; market; outlet	3
销售	xiāoshòu	动	sell; market	4
协商	xiéshāng	动	consult; negotiate	3
协作	xiézuò	动	cooperate with	1
携带	xiédài	动	carry; bring; take along	6
泄露	xièlòu	动	make known; let out	3
选择	xuǎnzé	动	select; choose	6

		Y			
烟草	yāncǎo	名	tobacco		6
严峻	yánjùn	形	stern; severe; grim		5
业绩	yèjì	名	achievement; outstanding achievement		8
一臂之力	yí bì zhī lì		give somebody a leg up; lend a hand		3
一旦	yídàn	副	once; now that		2
一条龙服务	yìtiáolóng fúwù		conglomerate service; coordinated service		4
一应俱全	yìyīng jùquán		goods are available in all varieties; complete with everything; everything needed is supplied		4
依据	yījù	名	basis; foundation		5
依托	yītuō	动	rely on; depend on		2
亦	yì	连	also; too		5
抑制	yìzhì	动	restrain; control		7
意外事故	yìwài shìgù		unforeseen event or circumstance; an accident		4
意向	yìxiàng	名	intention; purpose		3
翼	yì	名	the wing of a bird; side; flank		2
迎刃而解	yíng rèn ér jiě		splits off as it meets the edge of knife without effort; be easily solved; solve (overcome difficulties) with the greatest ease		3
应对	yìngduì	动	reply; answer		5
优惠	yōuhuì	形	preferential		2
友好	yǒuhǎo	形	friendly; amicable		5
有利有弊	yǒu lì yǒu bì		there are both advantages and disadvantages		3
有朋自远方来，不亦乐乎？	yǒu péng zì yuǎn fāng lái, bú yì lè hū?		What a pleasure it is to have a friend come from afar! Isn't it a delight should friends visit from afar?		1
与众不同	yǔ zhòng bù tóng		out of ordinary; different from the rest; unusual		2

预祝	yùzhù	动	congratulate beforehand	1
预期	yù qī	动	expect	3
愈演愈烈	yù yǎn yù liè		become increasingly intence	5
圆满成功	yuánmǎn chénggōng		a great success	1
约定	yuēdìng	名	agreement；convention	5
越发	yuèfā	副	all the more；the more；even more	2
云集	yúnjí	动	gather；come together from various places	1

Z

涨价	zhǎng jià		rise in price；inflation of prices	2
掌控	zhǎngkòng	动	be in charge of；be under the control of	4
彰显	zhāngxiǎn	动	show	2
兆头	zhàotou	名	sign；omen；portent	2
折扣	zhékòu	名	discount	3
折损	zhésǔn	动	depreciate and lose	4
争议	zhēngyì	名	dispute；controversy	5
征收	zhēngshōu	动	levy；collect；impose	5
证券	zhèngquàn	名	bond；security	8
知名度	zhīmíngdù	名	notability；well-know	3
知名品牌	zhīmíng pǐnpái		famous brand	6
直面	zhímiàn	动	face；confront	5
指定	zhǐdìng	动	appoint；assign	5
至关重要	zhì guān zhòngyào		most important	1
制约	zhìyuē	动	restrict；constraint；restraint	3
质检总局	zhìjiǎn zǒngjú		General Administration of Quality Supervision，Inspection and Quarantine of People's Republic of China	6
滞后	zhìhòu	形	lag；delay	4
滞销	zhìxiāo	动	sell sluggishly	3
终局	zhōngjú	名	end；outcome	5
仲裁	zhòngcái	动	arbitrate	3

诸多	zhūduō	形	a good deal; a lot of; many	7
逐年	zhúnián		year by year; year after year; with each passig year	5
准备金	zhǔnbèijīn	名	reserve (fund); reserves	7
咨询	zīxún	动	seek advice from; consult	4
资质	zīzhì	名	qualification	6
自然灾害	zìrán zāihài		natural disasters	4
租赁	zūlìn	动	rent; lease; hire	2
足不出户	zú bù chū hù		remain within doors; remain quietly at home behind closed doors; keep (stay) indoors	8